LOUIS-ROBERT

L'ARMÉE

ET

LES DROITS POLITIQUES

Étude de Législation comparée

PARIS

Henri CHARLES-LAVAUZELLE

Éditeur militaire

10, Rue Danton, Boulevard Saint-Germain, 118

L'Armée et les Droits politiques

LOUIS-ROBERT

L'ARMÉE

ET

LES DROITS POLITIQUES

Étude de Législation comparée

PARIS

Henri CHARLES-LAVAUZELLE

Éditeur militaire

10, Rue Danton, Boulevard Saint-Germain, 118

BIBLIOGRAPHIE

La plus grande partie des renseignements de fait a été puisée dans les ouvrages suivants :

Annuaires de législation comparée de 1871 à 1909..

Boichot : *La Révolution dans l'armée*, Bruxelles, 1865.

A. Cothias : *Du Service militaire dans ses rapports avec les droits politiques et le mandat législatif*; thèse doctorat. Paris, 1899.

F.-R. Dareste : *Les Constitutions modernes*, Paris, 1910.

A. Esmein : *Éléments de droit constitutionnel français et comparé*, 5ᵉ édition. Paris, 1909.

E. Flandin : *Les Institutions politiques de l'Europe contemporaine*, Paris, 1901.

Ch. Garrigues : *Le Droit de vote politique dans l'armée française*; thèse doctorat, Paris, 1898, etc.

Garnier-Pagès : *La Révolution de 1848*, Paris, 1861-1872.

G. Hanotaux : *Histoire de la Troisième République*, Paris, 1903.

Lieut.-colonel Hartmann : *Les officiers de l'armée royale et la Révolution*.

Journal officiel.

Moniteur universel.

E. Pierre : *Traité pratique de droit politique et parlementaire.*

Weil : *Les élections législatives depuis 1789*, Paris, 1895.

En ce qui concerne les nations étrangères, nous avons reçu de nombreux documents d'officiers français et étrangers, ou de légistes auxquels nous exprimons ici toute notre gratitude.

INTRODUCTION [1]

Depuis la loi sur le recrutement, votée en 1872, au lendemain de la défaite, l'armée est exclue en bloc de la vie politique du pays. Aucun militaire n'a le droit de voter ; aucun n'est éligible.

Ce traitement d'exception a longtemps été accepté sans discussion. Respectueuse avant tout de la loi, l'armée a suivi fidèlement la voie qu'elle lui traçait. L'officier s'est consacré tout entier à sa mission ; il a tenté de donner aux jeunes hommes la notion du devoir, de faire pénétrer dans leur esprit les idées de discipline, de sacrifice et de solidarité.

Mais, pour faire l'éducation morale des jeunes gens qui lui étaient confiés, il lui a fallu les connaître, comprendre leurs souffrances et leurs aspirations. Il lui a fallu savoir aussi de

(1) Cette Introduction a paru *in extenso* dans la *Revue politique et parlementaire*, du 10 février 1911.

quel milieu ils sortaient, quels travaux les attendaient à la sortie du régiment.

L'officier s'est passionné à cette étude de la vie et des lois sociales. Peu à peu le désir de participer à la vie du pays est né au cœur de la jeune armée, parce qu'elle est devenue consciente de l'importance de son rôle, et qu'elle comprend que sa destinée est de plus en plus intimement liée à celle de la nation.

Aujourd'hui, le problème est nettement posé devant l'opinion. Tous les journaux militaires en ont abordé l'étude.

Plusieurs membres du Parlement ont témoigné leur intérêt à la question (1).

A vrai dire, le problème est complexe, délicat et redoutable dans ses conséquences, puisqu'il touche aux intérêts mêmes de la défense nationale.

Il ne faut pas oublier que le droit de vote des militaires est une revendication du programme socialiste, présentée à plusieurs reprises au Parlement, par M. Jules Guesde,

____

(1) Le général Pédoya vient de déposer une proposition de loi relative aux droits électoraux des militaires et des marins (Documents parlementaires, n° 393.)

le 8 mars 1894, par MM. Fournière et Clovis
Hugues, le 20 décembre 1898, et, tout récemment encore, par M. Jules Guesde. Ces tentatives en faveur du droit de vote de *tous les
militaires* étaient étroitement liées aux encou-
ragements donnés au recrutement régional.
Certaines publications, et des plus sérieuses,
traitaient ensemble les deux questions. Le but
avoué ou secret de ces campagnes tendait à la
création des milices, à la suppression de l'armée permanente.

Le mouvement qui se dessine aujourd'hui
dans l'armée est tout à fait distinct de l'action
socialiste. Il est nécessaire de préciser ce point;
car toute tentative, pour si raisonnable qu'elle
soit, risquerait sans cela d'être enveloppée dans
le discrédit qui s'attache si justement en France
à tout projet portant atteinte à la force nationale.

Il est question aujourd'hui de rendre leurs
droits politiques aux seuls militaires de carrière,
à ceux qui consacrent toute leur vie à la pré-
paration de la défense du pays. Quant aux militaires qui ne passent dans les rangs que pour
accomplir leur devoir de citoyens, on ne saurait, sans danger évident pour la discipline,

leur laisser, pendant leur service actif, l'exercice de leurs droits politiques. Ils le retrouvent d'ailleurs plein et entier à leur libération, s'ils en sont privés pendant deux ans.

Il nous a paru intéressant de présenter au public un aperçu complet du problème ainsi défini, et de l'éclairer de nombreuses comparaisons avec les lois étrangères.

× ×

Si nous jetons un rapide coup d'œil sur notre histoire, nous constatons que l'armée a joué souvent un rôle important dans les délibérations de la nation.

A la veille de la Révolution, en 1788, les officiers prirent une part prépondérante dans les élections. Ils avaient déjà, tant par leurs brochures politiques que par leur propagande, contribué dans une large mesure au discrédit de la Cour.

Victimes de l'arbitraire du pouvoir, ils comprirent que les réformes qu'ils réclamaient ne pourraient se faire que par la nation réunie.

Le 24 janvier 1789, la forme et l'époque des convocations furent fixées dans un règlement qui fut envoyé à tous les baillis et sénéchaux;

les premières réunions eurent lieu en février.
L'élément militaire constituait la majorité dans
les assemblées de la noblesse. Les officiers ap-
portaient une âpreté toute particulière à la lutte.
Ils ne se contentaient pas de critiquer les ordonnances malheureuses de 1788, leurs revendications portaient plus haut. « Les sentiments
étaient royalistes dans le plus intime secret des
cœurs et des consciences; les opinions tendaient,
sans qu'on s'en aperçût, à la Révolution (1). »

Aux États généraux, l'élément militaire dominait dans la représentation de la noblesse; les
élus comprenaient : 11 lieutenants-généraux,
dont 5 exerçaient des commandements en chef
de provinces; 74 maréchaux de camp, dont 20
étaient employés dans les divisions; 4 brigadiers, 23 colonels, pourvus effectivement de
régiments; 8 autres colonels investis de fonctions diverses; 12 colonels attachés ou majors
en second; 22 officiers de grade subalterne,
ayant des emplois actifs. Au total, l'assemblée
de la noblesse comprenait 154 militaires correspondant à plus de la moitié de l'effectif réel de la

---

(1) Lieutenant-colonel HARTMANN. *Les officiers de l'armée
royale et la Révolution*, p. 68 et suivantes; v. p. 181.

noblesse dans les États généraux, Certains officiers même, appartenant ou non à la noblesse, furent élus par le tiers, et siégèrent à l'Assemblée parmi les représentants de cet ordre.

Plusieurs officiers jouèrent un rôle considérable; ils furent des plus assidus comme des plus ardents. Nous citerons seulement le vicomte de Mirabeau, le comte de Clermont-Tonnerre qui prononça la parole célèbre : « La Constitution sera ou je ne serai plus », le vicomte de Noailles et le duc d'Aiguillon, tous deux colonels, l'un des chasseurs à cheval d'Alsace, l'autre de Royal-Pologne cavalerie, qui donnèrent le signal de l'abolition des droits féodaux dans la nuit du 4 août; enfin, de Beauharnais, deux fois président de l'Assemblée.

La Constituante ne crut pas devoir enlever aux militaires les droits dont ils venaient d'user si largement. si brillamment. Le 22 décembre 1789, un décret fixait le droit électoral. Pour être citoyen actif, il fallait payer une contribution directe de trois journées de travail et avoir résidé pendant une année dans le canton. Ces conditions excluaient en fait l'armée de la nation légale, surtout en un temps où les changements de garnison étaient si fréquents. Un amendement à la loi électorale fut proposé en 1790 : « Tout militaire en activité conserve son domicile, nonobstant les absences nécessitées par son service et peut exercer les fonctions de citoyen actif. » Appuyé par M. de la Rochefoucauld, cet amendement fut vivement combattu, le 28 février 1790, par M. de Liancourt : « Il ne faut pas, dit-il, qu'une disposition soit dangereuse. Tout ce qui peut nuire à la société ne peut être juste. Il est probable que les régiments seront sédentaires et attachés aux départements. Dès lors, ils seront le plus ordinairement composés d'habitants de ces départements. Les officiers pourront abuser de leur crédit et de leur supériorité, soit pour se faire élire, soit pour diriger et maîtriser, dans d'autres vues, les élections. Les soldats ont fait un engagement par lequel ils ont renoncé momentanément à leur liberté et à tous les avantages dont la Constitution trouverait du danger à leur laisser l'exercice. »

M. de Noailles soutint, au contraire, le projet d'article. Il est certain, dit-il, que « *vous avilissez l'armée en la chassant de la Constitution.* Assurément, elle ne fait pas de distinction entre les soldats et les officiers et si vous privez les uns de l'exercice de leurs droits, vous en privez égale-

ment les autres ». La Constituante prit un moyen
terme. Le militaire put voter si, « lors des
assemblées où doivent se faire les élections, il
n'est pas en garnison dans le canton où est situé
son domicile ». L'Assemblée vota, en outre, l'article 7 : « Tout militaire qui aura servi l'espace
de seize ans, sans interruption et sans reproche,
jouira de la plénitude des droits de citoyen actif
et est dispensé des conditions relatives à la propriété et à la contribution, sous la réserve expri-
mée à l'article précédent. »

La législation de la Constituante est donc très
nettement en faveur des droits politiques des
militaires.

L'Assemblée nationale décréta même, le 1er mai
1791, que les officiers, sous-officiers et soldats de
toutes les armes seraient libres, hors le temps de
leur service militaire, des appels, des exercices
et avant la retraite, d'assister sans armes et
comme les autres citoyens, aux séances des sociétés qui s'assembleraient paisiblement dans
les villes où ils seraient en garnison ou en
quartier.

Mais elle avait bien soin d'ajouter qu'il était interdit auxdites sociétés et aux membres qui les
composent de s'immiscer dans les affaires qui

intéressaient la police intérieure des corps, la discipline et l'ordre du service.

La Constitution de 1791 vint modifier les conditions de l'électorat. Un décret du 20 juillet 1791 avait, antérieurement à la promulgation de la Constitution, assimilé le militaire au civil pour le droit de vote. Il avait décidé, en effet, que tous les militaires domiciliés habituellement dans les lieux où ils se trouveront en garnison, pourraient y exercer leur droit de citoyen, s'ils réunissaient, par ailleurs, les conditions requises (1).

Le législateur de 1792 décréta le suffrage universel pour les élections à la Convention. Le 5 août, une loi *dispensait de toute condition d'électoral politique quiconque avait porté les armes pour la liberté.*

La Constitution de l'an III changea d'une façon appréciable les droits électoraux des militaires.

L'article 75 porte en effet que *nul corps armé ne peut délibérer.* Au surplus, une loi du 24 ventôse

____

(1) En 1791, Paris possédait 964 électeurs, parmi lesquels on relève 3 membres de l'armée de terre et 2 de l'armée de mer (dont Kersaint) : 2 militaires furent élus par la capitale à l'Assemblée législative : Gouvion, maréchal de camp, et Kersaint, capitaine de vaisseau.

an V enlève à tous les militaires faisant partie
d'un corps armé le droit de prendre part à toutes élections. Celui qui est en congé régulier
peut voter. La loi précise ce qu'il faut entendre
par présence au corps : « Les militaires sans
congé, dit-elle, font partie d'un corps armé; d'où
il suit qu'ils n'ont pas le droit de voter dans les
assemblées primaires et communales. »

Le fait d'être soldat ne retire au citoyen l'exercice du droit de vote que par suite de sa présence
au corps. Dès qu'il est en congé régulier, il peut
voter.

Durant un demi-siècle, la question resta dans
l'état. Les lois militaires, les lois électorales
restent muettes, sur cette importante question,
telle la loi militaire du 18 mai 1804, le décret du
8 fructidor an XIII, la loi du 15 novembre 1813,
l'article 12 de la Charte de 1814, la loi du 30 mars
1818, la loi du 9 juillet 1824, l'article 11 de la
Charte de 1830 et la loi du 21 mars 1832.

Sous le Consulat et l'Empire, les élections
furent une véritable comédie. L'armée ne pouvait
que gagner en dignité à n'y point paraître.

Sous la Restauration commence le règne du
régime bourgeois et censitaire. Les diverses lois
électorales de cette époque (lois des 5 février

1817, 29 juin 1820) avaient eu pour résultat de placer le suffrage politique entre les mains des classes les plus riches, et particulièrement des propriétaires fonciers. Les militaires en possession du cens électoral, d'ailleurs très élevé, restaient soumis au droit commun.

On peut lire au *Moniteur* du 22 septembre 1817 : « Nous sommes informés que le ministre de l'intérieur, considérant que les choix confiés aux électeurs doivent être le résultat des votes des notables de la nation, sans distinction de classes et de fonctions, a décidé qu'aucun uniforme de la garde nationale ou de l'armée ne pourra être porté dans les réunions électorales. »

La loi électorale de 1831 ne contient non plus aucune disposition spéciale pour les militaires. Il semble que la vie politique, au cours de toute cette longue période, se soit comme assoupie. Le corps électoral semblait avoir fait abandon de ses droits. Les masses populaires se trouvaient exclues, au même titre que l'armée, de la vie publique de la nation.

La Révolution de 1848 proclama le suffrage universel. Vers la fin du règne de Louis-Philippe, l'armée avait participé puissamment au mouve-

ment général des esprits et la discussion avait
pénétré au sein des casernes. Les sous-officiers
lisaient abondamment, et l'effervescence était
grande parmi eux. Ce fut l'époque de la création
des bibliothèques régimentaires. Boichot, ancien
sous-officier, ancien représentant du peuple, éta-
blira plus tard dans ses écrits que le gouvernement avait voulu, par cette institution, prendre
la tête du mouvement et le canaliser (1).

Le gouvernement provisoire accorda, non sans
quelques hésitations et après deux délibérations'
successives, le droit de vote à l'armée. Le décret
du 5 mars 1848 établit en effet le suffrage universel, mais il n'y est encore nullement question du
vote des militaires.

Les meilleurs esprits réclamaient hautement
l'exercice de ce droit pour l'armée, au moment
où le gouvernement s'efforçait de rétablir, entre
elle et le peuple, une confiance mutuelle.

Le 8 mars, l'instruction du gouvernement pour
le décret relatif aux élections consacrait deux
articles au vote des militaires en activité de ser-

____

(1) BOICHOT : *La Révolution dans l'armée*.

vice (1). Cette instruction fut suivie d'une circulaire du ministre de la guerre aux généraux commandant les divisions militaires et d'une circulaire du ministre de l'intérieur aux préfets. Ces divers documents fixent les conditions d'exercice du droit électoral de l'armée. Nous ne les analyserons pas ici.

Bientôt fut votée la Constitution du 4 novembre. Le suffrage universel subsista et l'armée conserva son droit. La loi du 15 mars 1849 en régla l'application. Il fut décidé que le droit de vote serait suspendu en temps de guerre.

L'application de la loi nouvelle donna lieu à d'assez graves incidents.

Les premiers mois, 15 sergents-majors furent envoyés à l'Abbaye. Pour les élections du 13 mai, le comité socialiste de la Seine convoqua les

---

(1) Instruction du 8 mars 1848, art. 37 et 38.

ART. 37. — Les électeurs militaires en activité de service seront avertis par leur chef immédiat, aussitôt après la publication du décret du 5 mars et de la présente instruction, du droit qu'ils auront de participer à l'élection générale comme les autres citoyens, et du nombre de représentants attribué à leurs départements respectifs.

Ces militaires se réuniront en autant de sections qu'il y aura parmi eux de citoyens appartenant au même département, sous la présidence du chef le plus élevé en grade.

électeurs militaires, salle Martel, pour y choisir leur candidat.

Les élections donnèrent lieu à une grande effervescence dans l'armée. Des délégués furent nommés dans les régiments. Une proclamation fut lancée au nom des sous-officiers et soldats démocrates et socialistes de l'armée de Paris.

Le sergent Boichot fut désigné, arrêté, élu (1).

La loi du 31 mai 1850 fut plus explicite que la précédente et formula des prescriptions très importantes pour le secret du vote. Elle maintint, dans son intégrité le droit de vote des militaires.

Après le coup d'Etat, l'empereur ne tarda point à tronquer les prérogatives de l'armée.

Le décret du 2 février 1852, qui organisa la loi électorale, enleva aux soldats le droit de vote

----

(1) On peut tirer des événements de 1848 d'utiles enseignements. Il n'est pas tout d'abord sans intérêt de faire remarquer l'importance numérique des généraux élus représentants du peuple : aux élections du 23 avril 1848, on compte 24 maréchaux, généraux ou amiraux élus; à celles du 13 mai 1849, leur nombre s'élève à 42. C'est là d'une part le témoignage indiscutable d'une pression hiérarchique inévitable. Par ailleurs, les faits de désordre et d'indiscipline provoqués par les élections permettent d'apprécier les dangers de la thèse socialiste d'aujourd'hui qui voudrait rendre le droit de vote à *tous* les militaires.

pour les élections des députés. Tout en rétablissant le suffrage universel, ce décret en a suspendu l'exercice pour les militaires présents au corps.

Le décret réglementaire du 21 février 1852, dans son article 20, décida que « nul électeur ne peut entrer dans le collège électoral s'il est porteur d'armes quelconques ».

L'armée conservait le droit de vote dans tout plébiscite constitutionnel.

Au lendemain de la défaite, le 29 janvier 1871, parut un décret de convocation des collèges électoraux. La France vaincue devait traiter avec son vainqueur.

Il ne restait rien du gouvernement impérial. La révolution avait balayé jusqu'aux derniers vestiges du gouvernement qui avait mené la France à la défaite. Le gouvernement de la Défense nationale assuma la redoutable mission de lutter pour l'honneur. Mais l'Allemagne ne pouvait pas traiter avec un gouvernement auquel le peuple n'avait pas donné mandat. Jamais consultation nationale ne fut plus solennelle. Jamais non plus, elle ne fut plus large. Le suffrage universel ne subit pour ainsi dire aucune restriction. Le vote des militaires fut admis même pour ceux qui se trouvaient en campagne. Comment en eût-il été autrement ? Est-ce que, à celte heure tragique, l'armée n'était pas la nation ? Est-ce qu'au mois de janvier 1871, au moment où l'élan formidable du pays venait de se briser contre la force, l'armée ne comptait pas tous les hommes valides ? Allait-on refuser à ceux qui avaient versé leur sang, subi les plus cruelles privations, enduré les pires tortures physiques et morales, allait-on leur refuser le droit de donner leur avis ?

Pouvait-on leur enlever cette parcelle de souveraineté, quand ils venaient d'offrir leur vie en sacrifice à la Patrie ? En 1871, la consultation nationale fut complète parce que, dans la lutte sanglante, tous les Français avaient au même titre et dans une même ardeur, apporté leurs bras et leurs cœurs, et que la mort avait fait passer sur les champs de bataille son grand souffle d'égalité !

La France pouvait-elle établir une distinction entre ses défenseurs ?

Egaux devant la mort, ils devaient l'être devant la loi !

Le décret du 29 janvier 1871. article 9, s'exprimait en ces termes : « Les militaires présents sous les drapeaux voteront pour l'élection des députés du département où ils sont inscrits comme électeurs. Les six premiers paragraphes de l'article 62 de la loi du 15 mars 1849 seront observés. Pour les militaires en campagne, ou faisant partie de la garnison d'une place en état de défense, le vote aura lieu conformément aux dispositions prises par le chef de corps ou le commandement de la place.

Les instructions du 30 janvier sur les élections dans les départements occupés par les armées allemandes ajoutent, dans le paragraphe 3 : « A raison des obstacles créés par la guerre, ce vote sera valable quel que soit le nombre des votants. »

L'article 18 du décret du 31 janvier 1871 de la Délégation de Bordeaux s'exprime ainsi : « Sous les drapeaux, dans les armées ou dans les camps, les soldats, les mobiles, les mobilisés, les marins, tous ont le droit de voter et l'exercent dans les termes de l'article 62 de la loi de 1849 (1). »

L'Assemblée qui sortit de la consultation nationale comprit un grand nombre des militaires qui s'étaient illustrés pendant la guerre. Nous citerons le général Changarnier, les généraux

______

(1) Le *Moniteur universel* du 2 février 1871.

Martin des Pallières, d'Aurelles de Paladine, Clément Thomas, Trochu, Le Flô, Chanzy, Billot, Ducrot, de Chabron, etc. ; les amiraux Dompierre d'Hornoy, Jaurès, Pothuau, etc.; le colonel du génie Charreton et le colonel Denfert-Rochereau et plusieurs officiers subalternes.

L'Assemblée nationale oublia vite la leçon de l'histoire, et les conditions mêmes dans lesquelles elle avait été élue. Elle tenait son mandat de la nation armée et par la loi de recrutement, qui, dès 1872, sortit de ses délibérations, elle supprima le droit de vote de tous ceux qui portaient les armes, malgré les éloquentes protestations de nombreux députés militaires, tels que l'amiral Pothuau.

L'article 5 de cette loi s'exprimait ainsi : « Les hommes présents au corps ne prendront part à aucun vote. »

La loi sur le recrutement — et ce fait jette la plus grande lumière sur les causes de cette grave décision — empiétait sur le domaine de la loi électorale.

Les lois organiques, d'ailleurs, sanctionnèrent pleinement cette disposition de la loi sur le recrutement.

L'article 2 de la loi du 30 novembre 1875 dit
en effet : « Les militaires et assimilés de tous
grades et de toutes armes des armées de terre et
de mer ne prennent part à aucun vote, quand
ils sont présents à leur corps, à leur poste ou
dans l'exercice de leurs fonctions. »

L'article 7 de la même loi du 30 novembre 1875
interdisait aux militaires l'accès à la Chambre des
députés. Cette dernière mesure législative était
la conséquence logique de la précédente. Ce n'est
que le 9 décembre 1884 que les militaires perdi-
rent le droit d'éligibilité au Sénat, droit que leur
avait laissé la loi de 1875.

Depuis cette époque, la loi sur le recrutement
a été remaniée et la question s'est à nouveau
imposée à l'attention du législateur.

En 1885, un projet de loi fut voté dont l'article 6 disposait : « Une fois incorporés dans l'armée active, les hommes ne peuvent prendre
part à aucun vote, avant d'avoir été envoyés
dans la réserve de l'armée active ou réformés. En
aucun cas, et quelle que soit la classe à laquelle
ils appartiennent, les hommes présents sous les
drapeaux ne peuvent voter. » Un amendement,
présenté par M. Maillard, proposait de rendre
aux militaires le droit de vote. Il fut repoussé

par 516 voix contre 14. En 1889, l'article 9 de la loi de recrutement fut voté à une écrasante majorité : c'était la reproduction intégrale de l'article 2 précité de la loi du 30 novembre 1875. En 1905, lors de la discussion de la loi Berteaux, cet article 9 fut adopté dans la même forme, avec un entrain analogue et la même éloquente spontanéité.

Beaucoup d'esprits pensent aujourd'hui que la disposition si générale de l'article 3 de la loi de recrutement de 1872 a été inspirée par des circonstances tout à fait particulières. L'Assemblée redoutait l'expérience d'une armée nationale. Elle craignait qu'elle devînt une garde nationale bruyante et indisciplinée. Pour écarter ce danger, l'Assemblée voua l'armée au silence.

Depuis cette époque, un long chemin a été parcouru, et l'expérience d'une armée nationale a été singulièrement féconde pour la France. C'est elle qui lui a permis de se relever, de reprendre parmi les peuples le rôle que lui assignait son histoire. L'armée et la nation, comprenant chaque jour davantage leur union nécessaire, se sont pénétrées, ont profondément réagi l'une sur l'autre, se sont rapprochées jusqu'à se confondre.

Au moment où l'armée démocratique se réalise,

on peut se demander en toute conscience pourquoi la barrière subsiste qui sépare l'armée de la nation.

× ×

Si nous jetons les yeux sur les législations étrangères, nous voyons qu'il est fort peu de pays qui excluent complètement leur armée de la vie publique du pays. A suivre l'exemple de la France, nous ne pouvons citer que la Serbie et la Bulgarie.

En Autriche, les militaires, en principe, ne votent pas et ne sont point éligibles, mais l'accès de la Herrenhaus ne leur est point interdit pour la seule raison qu'ils ont une fonction active dans l'armée. Ainsi, les grands chefs de l'armée autrichienne font en général partie du Parlement, et l'étranger qui assiste aux séances de la haute Assemblée est frappé par le grand nombre d'uniformes militaires qu'on y rencontre. Il faut ajouter que l'exclusion de l'armée des luttes politiques, en Autriche, a été dictée par des considérations toutes particulières. Les questions brûlantes de races se réveilleraient avec une acuité nouvelle si l'armée votait.

Dans certains pays, comme l'Allemagne, les

militaires n'ont pas le droit de vote, mais les officiers sont éligibles, et l'armée peut être représentée (1).

Chez la majorité des autres nations, les officiers seuls, dans l'armée, ont leurs droits politiques. Il en est ainsi en Belgique où, en vertu de la Constitution telle qu'elle résulte des modifications apportées par la revision du 7 septembre 1893 et en vertu du code électoral, les officiers de l'armée et de la marine de l'Etat, âgés de 25 ans, sont électeurs pour la Chambre des députés et disposent de 3 voix, nombre maximum que la Constitution permet d'attribuer à un citoyen. Les officiers sont également éligibles en droit; en fait, cette prérogative est contestée.

En Italie et en Espagne, les officiers votent. Dans ce dernier pays, les sous-officiers et soldats n'ont pas ce droit. Les officiers doivent seule-

------

(1) La Constitution prussienne de 1850 n'enlevait pas aux militaires le droit de vote; mais, à la suite des troubles qui marquèrent, vers 1863, la lutte de la royauté contre le Parlement, le roi, par un ordre de cabinet du 23 septembre 1863, exigea de l'armée l'abstention aux élections.

Cependant les officiers étaient éligibles et, pour ne citer que deux exemples marquants, de Roon, ministre de la guerre, et de Moltke, chef d'état-major général, firent pendant de longues années partie du Reichstag.

ment, pour l'exercer, quitter leur uniforme. Ils sont également éligibles, mais à partir seulement du grade de chef de bataillon.

En Turquie, la Constitution nouvelle accorde aux officiers le droit de vote dans leur résidence quelle qu'elle soit. L'éligibilité leur est également conférée.

En Russie, l'officier qui remplit les conditions exigées par les lois est électeur et éligible au Conseil de l'empire ; dans les mêmes conditions, il peut voter par procuration pour la Douma d'empire, mais il est inéligible à cette assemblée.

En Roumanie, en vertu de l'article 57 de la loi de 1878, les officiers seuls ont le droit de vote pour les élections au Sénat et à la Chambre des députés ; ils ne sont éligibles à la Chambre des députés que s'ils ont démissionné trois jours après le décret de convocation des collèges électoraux. Les généraux ou assimilés sont seuls éligibles au Sénat.

Enfin, un assez grand nombre de pays placent les militaires sous le droit commun. Il en est ainsi en Suède et en Danemark, où aucun texte législatif ne s'oppose à l'exercice des droits politiques des militaires.

En Portugal, en Grèce, aux Etats-Unis, les

militaires sont électeurs et éligibles. La Suisse a
suivi le même système. Enfin, en Angleterre, le
fait d'être militaire n'atteint en rien les droits
électoraux. Tout comme les autres citoyens, les
militaires votent et sont éligibles s'ils remplissent les exigences formulées par le droit coutumier ou statutaire.

La situation des officiers élus est réglée d'une
façon différente suivant les pays. Généralement
ils sont mis en disponibilité, mais le temps qu'ils
passent au Parlement leur est compté pour l'ancienneté et les droits à la retraite.

Comme on le voit par ces aperçus si rapides,
dans la plupart dès pays européens, les officiers
ont le libre exercice de leurs droits politiques.
L'accès des Chambres leur est ouvert, suivant
des modalités différentes.

La France est donc un des rares pays du
monde où l'armée soit exclue en bloc de la vie
politique de la nation.

× ×

Nous laisserons à plus expérimentés le soin de
discuter de l'opportunité de réformer la législation française sur ce point ; mais nous demande-

rons cependant à notre lecteur la permission d'exposer à ce propos quelques réflexions personnelles.

Tout d'abord, il faut remarquer que nos institutions sont basées sur le principe de la souveraineté nationale. La loi est l'expression de la volonté générale qui peut être définie la somme algébrique des volontés particulières. Tout individu doit en principe faire partie de la nation légale et, pour l'en exclure, il faut des raisons décisives.

Le droit de suffrage peut être considéré comme un droit ou comme une fonction. S'il est un droit, tout être humain doit en jouir puisqu'il subit, du fait qu'il vit en société, les effets de la loi.

Cette théorie est née avec le contrat social : elle est le fruit de l'évolution philosophique du xviiie siècle. « Tous les citoyens, dans les districts, dit Montesquieu, doivent avoir le droit de donner leurs voix pour le représentant, excepté ceux qui sont dans un tel état de bassesse qu'ils sont réputés n'avoir pas de volonté propre. » Jean-Jacques Rousseau est plus affirmatif encore lorsqu'il écrit : « Rien ne peut ôter aux citoyens le droit de voter dans tout acte de souveraineté. »

Robespierre, Pétion, Condorcet s'appliquèrent à faire pénétrer ces principes dans nos lois, et de nos jours encore d'excellents esprits en préconisent l'application.

En fait, presque toutes les Constitutions se sont inspirées de la deuxième doctrine, celle du suffrage-fonction. Le législateur a pensé que les droits de l'individu n'étaient pas à l'abri de toute restriction. La nation est une entité supérieure et dominante par rapport aux éléments qui la composent, elle les absorbe et les confond. Elle est faite du passé et de l'avenir, et les prérogatives de l'individu doivent subir le joug de l'intérêt de la collectivité. La puissance publique a le droit d'interdire que la mise en œuvre des facultés particulières mette en péril l'intérêt de tous, et l'on conçoit dès lors qu'on exige de l'électeur certaines conditions, que l'on écarte du droit de suffrage ceux qui sont indignes ou incapables de l'exercer, ceux encore dont la situation spéciale ferait de cette fonction politique un danger pour le pays.

Le droit de vote des militaires de carrière est-il un danger si grave pour le pays que l'on doive laisser subsister une atteinte aux principes

mêmes sur lesquels repose tout notre droit
public ? Toute la question est là.

A côté de ces raisons de principe, il peut sem-
bler regrettable que l'armée ne soit pas représentée au Parlement lorsqu'on y discute les
intérêts de la défense nationale et les lois militaires.

L'armée, comme toutes les institutions, puise
sa force et le principe même de son existence
dans la loi. La valeur d'une armée, et ceci est
l'évidence même, dépend des lois qui l'organi-
sent.

Or, écrivait avec juste raison le lieutenant-
colonel Maistre dans la *Revue militaire générale* :
« Sur tout ce qui, de l'extérieur, peut influer sur
la valeur de l'armée, nous sommes à peu près
sans action. Le milieu nous fournit une base
bonne ou mauvaise, sur laquelle nous n'avons
plus qu'à construire de notre mieux l'édifice militaire. Tout au plus, pouvons-nous chercher à
nous rendre compte des influences que ce milieu
peut exercer sur la solidité du bâtiment pour en
tirer parti, si elles sont favorables, pour en pal-
lier les effets, si elles tendent à y ouvrir des
lézardes. » Cette constatation est souveraine-
ment exacte, mais aussi très décevante.

L'armée.   2

Quoi qu'il en soit, il ressort des faits historiques que nous avons exposés que la disposition législative de l'article 2 de la loi de recrutement de 1872, répétée dans toutes les lois électorales et militaires postérieures, a été inspirée par des circonstances et des événements exceptionnels et particuliers. En règle générale, l'armée, depuis que la nation est maîtresse de ses destinées, a joué un rôle considérable dans la vie politique du pays.

Si la législation actuelle constitue une exception dans notre propre histoire, on a vu par les brèves comparaisons que nous avons établies, qu'elle constitue presque une anomalie dans le droit public européen. Dans la grande majorité des pays, les militaires de carrière participent, suivant des modalités différentes, à la vie publique de la nation.

On ne saurait voir, en tout cas, dans cette mort politique des militaires, l'idéal d'une démocratie.

Le service universel et personnel n'est, en effet, que la manifestation de cette cause profonde, *la démocratie*, fruit de la souveraineté nationale.

« On a, dit Taine, déclaré le peuple souverain.

Or, dans cette Europe divisée où les Etats rivaux sont toujours proches d'un conflit, tous les souverains sont militaires ; ils le sont de naissance, par éducation, par profession, par nécessité ; le titre comporte et entraîne la foncti... Par suite, en s'arrogeant leurs droits, le sujet s'impose leurs devoirs ; à son tour, et pour sa quote-part, il est souverain ; à son tour, et pour sa quotepart, il est militaire. Dorénavant, s'il naît électeur, il naît conscrit. Le suffrage universel et le service obligatoire règnent sur l'Europe. » Chacun des deux, plus ou moins, produit au jour et tirant après soi l'autre plus ou moins incomplet et déguisé, tous les deux conducteurs ou régulateurs aveugles et formidables de l'histoire future, l'un mettant dans les mains de chaque adulte un bulletin de vote, l'autre mettant sur le dos de chaque adulte un sac de soldat... L'obligation militaire est la contre-partie et comme la rançon du droit politique.

Il semble difficile de les séparer.

Pourtant, de graves considérations d'ordre pratique amènent, en vertu de la théorie du suffrage-fonction, à écarter l'exercice des droits politiques des militaires qui accomplissent leur devoir de citoyen dans les rangs.

La difficulté peut d'ailleurs être aisément tournée en rejetant à 23 ans l'âge de l'électorat politique. C'est d'ailleurs ce qui existe en fait aujourd'hui, puisque tous les jeunes gens, sauf les malingres et les estropiés, sont soumis à la loi militaire et que, durant leur service, tous leurs droits politiques sont suspendus.

Il ne s'agirait plus alors que de rendre aux seuls militaires de carrière leurs droits de citoyen.

Ire PARTIE

L'Armée et les Droits politiques

EN FRANCE

AVANT-PROPOS

En 1889, la question des droits politiques des
militaires en France semble avoir été définitivement tranchée. Le législateur a exclu les militaires de tous grades et de toutes catégories de la
vie politique de la nation au nom de la discipline,
de l'intérêt supérieur du pays, on a même pu
dire « au nom de la République ». Depuis cette
époque, le soldat comme le général, le pharmacien militaire comme le sous-intendant, l'ingé-
nieur hydrographe comme l'employé de la
chiourme ne peuvent à aucun titre prendre part
à une manifestation quelconque de la vie publique : conseils municipaux, d'arrondissement,
généraux, Chambre des députés, Sénat leur sont
également fermés. De toutes les situations attri-
buées à l'élection, seule la présidence de la
République ne leur est encore interdite par
aucune loi constitutionnelle.

Ce jugement est-il sans appel? Nous laisserons
au lecteur le soin de conclure : notre but a été
simplement d'exposer avec impartialité, d'une

part les conditions dans lesquelles ce système s'est établi, d'autre part d'en montrer les conséquences.

On peut se demander si, en présence d'une situation nouvelle, il n'y a pas lieu de discuter à nouveau ce problème délicat et d'apporter à la solution actuelle des modifications heureuses de nature à satisfaire à la fois les intérêts du pays et ceux des militaires eux-mêmes.

Nous avons posé le problème et tenté de l'éclairer à la lueur de l'histoire.

I

A LA VEILLE DE LA RÉVOLUTION

L'opposition aux réformes du Parlement et
des privilégiés de toutes classes, les troubles
répétés dans les villes et dans les campagnes,
l'émeute à Paris avaient fini par ébranler le
régime politique qui existait en France depuis
plusieurs siècles. Le roi comprit la nécessité de
recourir à une consultation du pays, mais. chose
curieuse, il sembla, dans cette lutte entre les privilégiés et le reste de la nation, prendre parti
contre les privilégiés. « Le vœu du tiers état,
écrivait Necker au nom du roi, quand il est
unanime, quand il est conforme aux principes
d'équité, s'appellera toujours le vœu national ;
le temps le consacrera ; le jugement de l'Europe
l'encouragera et le souverain ne peut que régler
dans sa justice ou devancer dans sa sagesse ce
que les circonstances et les opinions doivent
amener d'elles-mêmes. »

Les *Lettres royales* du 29 janvier 1789 d'abord,
puis ensuite une série de règlements spéciaux

pour certains pays ou villes, fixèrent la forme et l'époque de la convocation.

Le droit de suffrage était réglé de la manière la plus libérale, au point de se trouver à la base presque universel : la législation électorale variant non seulement d'ordre à ordre, mais encore de ville à ville, il serait sans intérêt d'en donner ici les détails.

Les règlements furent envoyés aux baillis et sénéchaux, et les premières réunions des trois ordres furent tenues dès les premiers jours de février.

Le règlement du 4 janvier avait fixé que tous ceux qui avaient la noblesse acquise et transmissible seraient électeurs et éligibles comme les nobles possédant fiefs. De la sorte, les grands seigneurs et les gens de la cour furent mélangés, dans les assemblées de la noblesse, avec la masse des gentilshommes, presque tous officiers. L'élément militaire fut abondamment représenté dans les assemblées de la noblesse.

Dès les premières réunions, les officiers manifestèrent dans maints endroits « une fatigue militaire, un dégoût qui augmentait tous les jours »: Tous les officiers subalternes se plaignaient de leur sort et demandaient la revision des ordon-

nances militaires de 1788. L'avancement, disaient-ils, était uniquement donné aux hommes
de la cour. Les officiers ne se contentaient pas
d'attaquer les ordonnances militaires, ils se
montraient aussi hostiles au principe même du
gouvernement absolu. « Les sentiments étaient
royalistes dans le plus intime du cœur et de la
conscience; les opinions tendaient sans qu'on
s'en aperçût à la révolution. »

Il y eut peu d'hommes de cour élus. Certains
le furent, comme le marquis de Fournès, colonel
de Royal-Champagne, mais uniquement parce
qu'ils avaient témoigné de l'hostilité à la cour.
« Victimes du pouvoir arbitraire, disait celui-ci,
nous avons éprouvé tout ce que le despotisme
ministériel peut entraîner d'abus. Enfin l'époque
est venue où le malheur des temps et le concours de toutes les lumières semblent abaisser le
trône devant la raison et le droit naturel. »

A Bourges, lors des assemblées, il y eut des
séances très orageuses. Guibert, l'auteur des
trop célèbres ordonnances de 1788, se présentait
à la députation. Les officiers, en grand nombre
présents aux séances, n'eurent pas contre lui
assez de violentes attaques.

A Paris, le marquis de Loyac se fit le défen-

seur de la cause des officiers dans un mémoire
qui avait pour titre : « Réclamation militaire ».
Ce mémoire fut signé par le comte de Miromesnil,
maréchal de camp, joint aux cahiers et remis aux
députés.

Enfin, tous les cahiers insistent sur la réforme
des abus du ministère de la guerre. C'est d'ailleurs au moment de la rédaction des cahiers que
se manifesta surtout l'ardeur et l'influence des
officiers subalternes. Ils se montrent hardis et
agressifs. Ils s'attaquent violemment aux privi-
lèges des hommes de cour. Les députés sont in-
vités à provoquer l'abrogation des articles de la
constitution militaire qui limitent l'avancement
des officiers de petite noblesse. On émet le vœu
que les promotions ne soient plus livrées à
l'arbitraire; que les emplois militaires ne soient
plus regardés comme charges de la cour et dis-
tribués à quelques familles qui les possèdent à
titre d'héritage; que la fortune, un grand nom,
effet du hasard, la faveur ne puissent jamais
exclure le mérite, la valeur et la vertu des hon-
neurs, grades et dignités, etc.

Les officiers n'oublient point de s'attaquer à la
cour. Ils réclament que le serment se fasse « au
roi et à la nation »; ils jurent de ne jamais s'atta-

quer à leurs concitoyens. Ils réclament la suppression des lettres de cachet. Enfin, à la nation seule appartient le droit d'arrêter la composition de l'armée, de voter les dépenses pour son entretien.

Les officiers furent donc, peut-être inconsciemment, parmi les plus ardents promoteurs du mouvement qui allait amener, avec la suppression des abus, la chute de la monarchie.

Ils prirent une part active d'abord à tous les travaux préparatoires des élections, à l'élaboration des cahiers, puis plus tard aux élections elles-mêmes : électeurs et éligibles sans restrictions, ils allaient affluer en grand nombre aux États généraux, et y jouer un rôle parfois prépondérant (1).

(1) La participation des militaires aux élections, et l'état d'esprit des officiers à cette époque ont été remarquablement étudiés par M. le colonel Hartmann dans son ouvrage: « *Les officiers de l'armée royale et la Révolution.* »

II

LA CONSTITUANTE

A la suite des élections, qui ne furent achevées
qu'au mois de mai 1789, les États généraux furent composés de 1.165 membres, dont 600 du
tiers état, et environ 300 de chacun des ordres
privilégiés.

Dans la représentation de la noblesse, l'élément militaire dominait ; les officiers élus comprenaient :

11 lieutenants-généraux, dont cinq exerçaient
des commandements en chef de provinces ;
74 maréchaux de camp, dont vingt étaient employés dans les divisions ; 4 brigadiers, 23 colonels pourvus effectivement de régiments ; 8 autres colonels, investis de fonctions diverses ;
12 colonels attachés ou majors en second ; 22 officiers de grade subalterne ayant des emplois actifs. On arrivait ainsi au total de 154 militaires
correspondant à plus de la moitié de l'effectif
réel de la noblesse dans les États généraux.

Les députés militaires se montrèrent dès le début parmi les plus assidus et les plus ardents.

Parmi eux il faut citer Cazalès, le vicomte de Mirabeau, le marquis de Clermont-Tonnerre qui prononça la parole célèbre : « La Constitution sera ou je ne serai pas »; le vicomte de Noailles, le duc d'Aiguillon, qui donnèrent le signal de l'abolition des droits féodaux dans la nuit du 4 août; de Beauharnais, deux fois président de l'Assemblée, La Tour-Maubourg, La Fayette, Custine, Charles et Alexandre Lameth, etc. La plupart des éléments libéraux de la noblesse se recrutèrent d'ailleurs parmi les officiers.

× ×

La question du vote des militaires n'avait pas été soulevée au moment des élections aux États généraux ; elle le fut pour la première fois dans notre histoire parlementaire et avec toute son ampleur à l'Assemblée constituante. Conformément à l'article 2 du décret du 22 décembre 1789, avaient seuls le droit de vote et de se réunir en assemblée primaire, dans le canton, les citoyens dits *citoyens actifs*. L'article 3 du même décret fixait les qualités nécessaires pour être citoyen actif : il fallait être Français, âgé de 25 ans, payer une contribution directe de la valeur de trois journées de travail, n'être pas dans l'état de domesticité, et enfin être domicilié de fait dans le canton depuis un an au moins.

× ×

Il ne faut pas oublier que les droits politiques n'avaient été réclamés par la majorité des publicistes ayant écrit avant 1789 que pour les Français cultivés et riches. La nécessité de payer une contribution enlevait, en réalité, le droit de vote aux soldats et même aux sous-officiers; la question de domicile allait priver de tous droits politiques les officiers de l'armée de terre comme ceux de la marine militaire.

Aussi, le 28 février 1790, fut déposé et discuté, à l'Assemblée constituante, l'amendement suivant : « Tout militaire en activité conserve son domicile nonobstant les absences nécessitées par son service, et peut exercer les fonctions de citoyen actif. » C'est sur cette proposition que s'engagea un débat des plus vifs.

De Montmorency, applaudi par la majorité, vint affirmer la nécessité pour le citoyen devenu militaire de rester citoyen et d'en exercer les droits compatibles avec son état. Dubois-Crancé fit remarquer que, tout le monde étant d'ac-

cord sur les principes, il suffisait de renvoyer
la proposition au comité de constitution pour
s'entendre à ce sujet avec le comité militaire
et le ministre de la guerre. Il ajoutait : « La
partie la plus précieuse de la vie d'un citoyen
employée au service de la patrie, est un titre
qui équivaut bien au marc d'argent », et concluait en demandant les droits électoraux, « même
pour l'Assemblée nationale », en faveur de tous
les militaires ayant accompli plus de vingt ans
de service.

Une telle proposition souleva aussitôt de nombreuses protestations. Le duc de La Rochefoucauld–Liancourt, maréchal de camp, apporta de
sérieux arguments contre une pareille extension
du droit de suffrage : « Les officiers, disait-il,
pourront abuser de leur crédit et de leur supériorité, soit pour se faire élire, soit pour diriger
et maîtriser dans d'autres vues les élections. »
De plus, les soldats, étant tous engagés, connais-
saient, en s'engageant, l'exclusion dont ils
seraient l'objet ; par suite, ils renonçaient donc
volontairement et momentanément « à leur
liberté » et « à tous les avantages dont la Constitution trouverait du danger à leur laisser l'exercice ».

La proposition fut, au contraire, soutenue énergiquement par de Noailles, qui vint affirmer que la Constitution n'avait pas à faire de distinction entre soldats et officiers, par C. de Lameth, de Toulougeou et autres, tous militaires.

En définitive, l'article proposé fut voté en y ajoutant : « ... Si, au moment des élections, il ne se trouve pas en garnison dans le canton où est situé son domicile. »

L'amendement Dubois-Crancé fut adopté après intervention de Noailles, Vizieu, La Galissonnière et Barnave, en fixant la durée des services dispensant de tout cens électoral à seize ans pour l'armée de terre ou soixante-douze mois à bord d'un vaisseau de guerre pour l'armée de mer.

Plus tard, à la suite de la levée de 100.000 soldats auxiliaires décrétée les 28 janvier, 8, 16 mars et 16 avril 1791, la Constituante avait décidé que ces auxiliaires « jouiraient des droits de citoyens actifs pendant le temps de leur engagement, quand même ils ne paieraient pas la contribution exigée, si d'ailleurs ils remplissaient les autres conditions requises ».

L'article 11 de la loi du 17 juin 1791 sur l'organisation du Corps législatif spécifiait que les militaires, membres de cette assemblée, ne pourraient quitter leur fonction de député pour aller prendre le commandement des troupes sans l'autorisation du Corps législatif.

Enfin, au moment de se séparer, la Constituante adopta le 6 juillet 1791 une modification à la loi électorale concernant les militaires et décida que les officiers, sous-officiers ou autres, attachés au service de terre ou de mer, domiciliés habituellement dans les lieux où ils se trouveraient soit en garnison, soit en activité de service, pourraient y exercer leurs droits de citoyens actifs, s'ils réunissaient d'ailleurs les conditions requises.

Ainsi, dès le début de la Révolution, la théorie du législateur s'affirme nettement en faveur du maintien de leurs droits de citoyens aux militaires sous les drapeaux, tout en jugeant cependant nécessaire d'entourer la jouissance de ces droits de certaines restrictions reconnues indispensables par les intéressés eux-mêmes.

La Constituante n'avait pas établi le suffrage universel : il n'était donc pas question de donner le droit de vote à tous les militaires sous les drapeaux, mais plus simplement de conserver aux militaires les droits que, par ailleurs, ils possé-

daient en tant que citoyens. Par le fait, les officiers auraient eu seuls la jouissance des droits
électoraux, à la condition toutefois qu'au moment des élections ils ne se fussent pas trouvés
en garnison dans le canton où aurait été situé
leur domicile.

Les constituants étaient cependant allés plus
loin encore, puisqu'ils avaient accordé la dis-
pense du cens électoral à tout citoyen (sous
les drapeaux ou non) ayant accompli seize ans
de service à terre ou soixante-douze mois à bord
d'un vaisseau de guerre.

Mais il est évident que la jouissance des droits
politiques implique pour les militaires le droit
de prendre une part active à toutes les manifestations de la vie politique du pays : il y avait là
un danger, pour la discipline d'abord, pour
l'œuvre révolutionnaire elle-même ensuite. Des
restrictions étaient nécessaires. C'est ici qu'il y a
lieu de rappeler un décret souvent oublié ou
laissé dans l'ombre, mais qui caractérise la politique suivie dans cette circonstance par l'Assemblée.

En effet, le 1er mai 1791, la Constituante décrétait que les officiers, sous-officiers et soldats de
toutes armes seraient libres, *hors le temps de leur*

service militaire, des appels, des exercices et, *avant
la retraite*, d'assister *sans armes et comme les autres
citoyens* aux séances des sociétés qui s'assem-
blaient paisiblement dans les villes où ils étaient
en garnison ou même seulement en quartier.
Toutefois, conformément à l'article 8 du décret
du 6 août 1790 et aux articles 15 et 16 du décret
du 15 septembre de la même année, il était interdit auxdites sociétés et aux membres qui les composaient de *s'immiscer dans les affaires intéressant la police intérieure des corps, l'ordre et la discipline.*

Ainsi, non seulement les militaires citoyens
actifs jouissaient de leurs droits électoraux, mais
encore tous, sans exception, pouvaient assister
aux réunions électorales et y faire leur école de
citoyen. Une telle pratique était peut-être dangereuse : elle pouvait prêter à de nombreux abus,
et effectivement il s'en produisit sur plusieurs
points du territoire; il n'était nullement nécessaire d'ailleurs d'autoriser ainsi les militaires
non électeurs à prendre part aux manifestations
politiques. Ce droit restreint aux militaires électeurs n'aurait été le sujet d'aucune critique
sérieuse, et n'aurait très vraisemblablement
donné lieu ni aux actes d'indiscipline ni aux

scènes d'émeute qui éclatèrent dans certaines réunions politiques de la province.

× ×

Il est nécessaire, pour relever une erreur commise par la plupart des auteurs ayant traité cette question, de préciser la portée et les conséquences du décret du 6 décembre 1790. Celui-ci, en effet, renferme deux articles très souvent cités que nous reproduisons ici :

« Art. 5. Nul corps armé ne peut délibérer...

» Art. 6. Les citoyens actifs ne pourront exercer le droit de suffrage dans aucune des assemblées politiques s'ils sont armés, ou seulement vêtus d'un uniforme. »

Ce que l'on oublie de citer, et c'est là le point important, ce sont les articles qui précèdent et qui distinguent entre l'*armée* et les *corps armés*.

« Art. 1er. La force publique, considérée d'une manière générale, est la réunion des forces de tous les citoyens.

» Art. 2. L'*armée* est une force habituelle, extraite de la force publique et destinée essentiellement à agir contre les ennemis du dehors.

» Art. 3. Les *corps armés* pour le service intérieur sont une force habituelle extraite de la force publique et essentiellement destinée à agir contre les perturbateurs de l'ordre et de la paix. »

× ×

Ces précisions faites, il est facile de déterminer exactement la politique suivie par les constituants en ce qui concerne les droits politiques des militaires. *Ne considérer en aucun cas la garde nationale comme une force militaire; exiger que les citoyens qui la composent fassent abstraction, pour exercer leurs droits politiques, de leur personnalité militaire. En revanche, reconnaître aux militaires des troupes de ligne leurs droits de citoyens; leur favoriser dans la mesure du possible la pleine jouissance de ces droits.*

III

LA LÉGISLATIVE

L'Assemblée législative ne fut pas élue en réalité d'après la Constitution de 1791. Lorsque la Constituante. en effet, décréta la convocation des assemblées primaires et des électeurs (séances des 27 et 28 mai 1791), la Constitution n'était pas encore définitivement votée. Les assemblées primaires furent réunies conformément au décret du 22 décembre 1789 légèrement modifié ; par suite, pour être électeur, il était nécessaire de payer une contribution directe de la valeur de dix journées de travail et, pour être éligible à l'Assemblée nationale, de payer une contribution directe équivalente au marc d'argent et posséder en outre une propriété foncière quelconque.

Tel fut dans ses grandes lignes le système suivi pour les élections à l'Assemblée législative.

Quelle fut la participation effective de l'armée à ces élections : il est assez malaisé de le déterminer, du moins dans l'état actuel des travaux historiques publiés sur cette période.

Une étude très complète a été faite sur les assemblées électorales de Paris de 1791 et 1792. D'après celle-ci, les électeurs de la capitale étaient en 1791 au nombre de 964; on n'a pu compter parmi eux que trois membres de l'armée de terre et deux de l'armée de mer. Les électeurs de Paris n'envoyèrent siéger à la Législative que deux militaires : Gouvion, maréchal de camp (qui d'ailleurs n'était pas électeur de Paris) et Kersaint, capitaine de vaisseau.

Les députés militaires se trouvèrent cependant en nombre relativement important à l'Assemblée législative. Celle-ci comprenait : pour l'armée de terre, quatre maréchaux de camp, trois colonels, trois lieutenants-colonels, treize capitaines, (parmi lesquels Carnot, Lacombe-Saint-Michel, etc.), dix officiers ou employés militaires de rangs divers; pour l'armée de mer, deux officiers de marine et deux ingénieurs de la marine; soit en tout vingt-sept militaires en activité de service.

× ×

La participation de l'armée aux opérations électorales, par suite certainement de la forme limitée qu'elle avait revêtue, n'avait été nulle part cause du moindre trouble; il semble d'ailleurs qu'en réalité très peu de militaires aient pris une part active à cette nouvelle consultation nationale.

Les événements allaient se précipiter : la Législative décidait bientôt de remettre les destinées politiques du pays entre les mains d'une Convention nationale. Sans changer essentiellement le système adopté par la première Assemblée, les nouveaux élus allaient, par certaines modifications, faire une part plus large aux principes individualistes qui animaient déjà les futurs révolutionnaires ; le suffrage ne leur apparaissait plus comme une *fonction* sociale, mais comme un *droit* du citoyen, inséparable de sa personnalité. Le suffrage allait donc de ce fait devenir quasi universel.

La loi du 12 août 1792 fait disparaître la distinction entre les citoyens actifs et les citoyens non actifs. Sera électeur « tout citoyen français, âgé de 25 ans, domicilié depuis un an, vivant du produit de son travail ». Les mêmes conditions s'appliquaient à l'éligibilité. Toutefois, une disposition nouvelle, adoptée le 21 août, abaissait à 21 ans l'âge nécessaire pour être électeur, maintenant celui de 25 ans pour être éligible.

La condition de domicile aurait fatalement écarté l'armée de l'arène politique : une mesure législative du 5 août lui restituait ses droits, en décidant que tout individu ayant porté les armes pour la liberté serait dispensé de toute condition d'électorat quelconque.

× ×

Ainsi donc non seulement la Législative, comme la Constituante, admettait les militaires à la pleine jouissance des droits politiques, mais encore elle estimait que le fait de servir sa patrie sur les champs de bataille constituait un droit particulier à cette propriété.

Les assemblées primaires se tinrent le 26 août 1792 pour nommer les électeurs. Ceux-ci se réunirent à leur tour le 2 septembre pour élire les députés à la Convention : ces derniers étaient convoqués à Paris pour le 20 septembre ; dès qu'ils auraient atteint le chiffre de 200 présents, la Convention siégerait de plein droit, et la Législative serait dissoute.

Les circonstances ne donnaient guère à l'armée le loisir nécessaire pour prendre une part active aux élections : celles-ci eurent lieu sous le canon de l'ennemi. Ces circonstances furent la cause

certaine du petit nombre de militaires élus à la
Convention : on n'y relève en effet qu'un lieutenant-colonel, trois adjudants généraux, neuf
capitaines, deux médecins militaires, deux employés militaires et deux officiers de marine.
Mais s'ils étaient peu nombreux, les députés
militaires comptèrent du moins parmi les plus
justement célèbres des conventionnels, et tout le
monde connaît les noms de Carnot, Lacombe-
Saint-Michel, Dubois-Crancé, Prieur (de la Côte-
d'Or), Le Tourneur, etc.

IV

LA CONVENTION

La première Constitution élaborée par la Convention fut votée le 24 juin 1793; elle ne fut jamais appliquée. Elle consacrait en France le principe du suffrage universel et direct en matière politique. Etaient électeurs aux assemblées primaires tous les Français âgés de 21 ans, et même, sous certaines conditions, les étrangers du même âge en résidence en France; une condition de six mois de domicile dans le canton était en outre exigée de tous les citoyens.

Cette Constitution était surtout une manifestation de principes; elle ne s'occupait pas spécialement des militaires. Il est bon de rappeler qu'à cette époque, dans un admirable élan de patriotisme, la France avait mis sur pied quatorze armées comptant plus d'un million d'hommes. Il n'est pas douteux que les suffrages de ce million d'électeurs auraient pu exercer sur la marche des événements politiques une influence considérable. Un général heureux, ou simplement populaire, aurait pu entraîner cette force considérable

sans grande difficulté, surtout si l'on songe que
le vote des illettrés était alors émis à haute
voix !

Quoi qu'il en soit, durant cette période, les militaires restaient soumis au droit commun, mais
n'eurent jamais l'occasion d'exercer leurs droits
politiques.

× ×

Les décrets de vendémiaire et frimaire an II,
établissant le gouvernement révolutionnaire jusqu'à la paix, suspendirent, de fait, la Constitution de 1793.

Après les événements de thermidor, la Convention reprit l'étude de la Constitution, qui fut votée, après de longs tâtonnements et des discussions multiples, le 5 fructidor an III (22 août
1795).

La Constitution de l'an III revient en arrière
sur la question du droit de suffrage et reprend
les principes adoptés en 1791. Elle établit le suffrage indirect et restreint, mais sur des bases
beaucoup plus larges qu'en 1791.

Est déclaré citoyen français, c'est-à-dire électeur, tout homme né et résidant en France qui,

âgé de 21 ans accomplis, s'est fait inscrire sur le registre civique de son canton; qui, depuis son inscription, a demeuré une année au moins sur le territoire de la République, et qui paye une contribution directe, foncière ou personnelle. Aucun taux n'étant fixé pour cette contribution, le cens était réduit au minimum. Mais l'article 16 de la Constitution apportait une autre restriction à l'exercice des droits politiques : d'après cet article, à partir de l'an XII, les jeunes gens ne pourraient être inscrits sur le registre civique (les listes électorales de l'époque) que s'ils prouvaient savoir lire et écrire et exercer une profession mécanique ou agricole.

Les militaires en activité étaient nettement maintenus dans le droit commun, car, après les articles 12 et 13 fixant les conditions de suspension des droits politiques, l'article 14 spécifiait que l'exercice des droits de citoyen n'était perdu ou suspendu que dans les cas exprimés dans les deux articles précédents. D'après l'article 25, nul n'avait le droit de paraître en armes dans les assemblées primaires.

Les citoyens actifs composaient les assemblées primaires formées dans chaque canton; celles-ci élisaient des électeurs du second degré à raison

d'un député par 200 citoyens. Ceux-ci à leur tour
constituaient les assemblées électorales chargées
de désigner les élus. Pour être électeur du second degré, il fallait, comme en 1791, avoir 25
ans et justifier d'un cens variable avec la population de la commune. Ici non plus, aucune restriction ne vient frapper les militaires.

Les articles 37 et 38 établissaient l'incompatibilité entre la qualité de membre du Corps législatif et l'exercice d'une autre fonction publique,
laissant à une loi spéciale le soin de fixer le mode
de remplacement définitif ou *temporaire* des
membres qui viendraient à être élus.

La loi du 30 fructidor décrétait l'envoi aux armées du résultat des votes de chaque assemblée
primaire. L'acte constitutionnel fut soumis à
l'approbation de la nation et l'armée eut à se
prononcer. En effet, aux termes des articles 11,
12, 13 et 14 du titre II de la loi du 5 fructidor
an III, les députés en mission auprès de chaque
armée devaient se concerter dans un bref délai
avec le général en chef et les généraux tant de
division que de brigade pour assembler tous les
défenseurs de la patrie et les employés à la suite
de l'armée, et leur donner lecture de l'acte constitutionnel. Le jour où chaque armée devait

exprimer son vœu devait être ensuite fixé par les députés en mission, qui régleraient la forme de délibération convenable. Les députés en mission auprès de chaque armée de terre ou de mer ou le général en chef devaient faire passer au comité des décrets, procès-verbaux ou archives, le vœu de chaque armée aussitôt qu'ils l'auraient recueilli.

Dans toutes les armées, les soldats prirent part au vote prescrit pour l'acceptation ou le rejet de la Constitution; un décret du 22 fructidor autorisait les militaires présents à Paris, mais ne faisant pas partie des corps de troupes de la garnison, à constituer à cet effet une assemblée primaire spéciale.

Sur 958.226 votants dont 18.326 militaires, 914.853 ont voté pour la Constitution. La majeure partie des procès-verbaux des armées ne contenaient pas le nombre des votants; toutes les assemblées militaires envoyèrent leur adhésion.

V

LE DIRECTOIRE

Ainsi, contrairement à ce qui a si souvent été écrit, la Constitution de l'an III avait maintenu les militaires dans le droit commun.

Aux termes de cette loi constitutionnelle, le pouvoir législatif était confié à deux Assemblées, le conseil des Cinq-Cents et le conseil des Anciens.

L'un et l'autre conseil est renouvelé partiellement tous les ans par tiers et au sort, de manière que chacun d'eux se trouve complètement renouvelé tous les trois ans.

Pour être élu membre du conseil des Cinq-Cents, il faut être âgé de 30 ans accomplis. Nul ne peut être membre du conseil des Anciens s'il n'est âgé de 40 ans accomplis.

Non seulement les militaires en activité (en pratique, les officiers seulement) pouvaient faire partie de ces deux Assemblées, mais encore ils pouvaient être choisis comme directeurs. Carnot, commandant du génie, en exerça les fonctions.

Quoi de plus instructif que la liste des officiers

qui furent ainsi investis de la confiance de leurs concitoyens ?

Aux élections de l'an IV, nous relevons dans la liste des députés militaires élus : Savary, adjudant général (Maine-et-Loire); Letourneur, capitaine du génie (Manche); Bougainville, chef d'escadre (Manche); Carnot, chef de bataillon du génie (plusieurs départements); Lacourt Saint-Michel, capitaine d'artillerie (Lot); Petiet, commissaire ordonnateur en chef (Ille-et-Vilaine), etc.

Aux élections de l'an V, nous citerons : le général de division Amédée Willot (Bouches-du-Rhône); Pichegru, général de division (Jura); Jourdan, général de division (Haute-Vienne); Mentor Etienne, chef de bataillon (Saint-Domingue); Ferrand, général de division (Haute-Saône); Normand, chef de brigade (Loire-Inférieure); Mac-Curtain, commissaire de guerre (Loire-Inférieure); Porte, adjudant général (Haute-Garonne), etc.

Aux élections de l'an VI : Valladier, officier de marine (Ardèche); Chabert, général de brigade (Bouches-du-Rhône); Joubert, commissaire de guerre (Ille-et-Vilaine); Malet, adjudant général (Jura); *Bonaparte* (*Napoléon*), général en chef de l'armée d'Angleterre (Landes); Siauve, commis-

saire des guerres (Loire); Dessaix, chef de la
27° demi-brigade d'infanterie (Mont-Blanc); Des-
près, adjoint aux adjudants généraux (Orne);
Fion, général de brigade (Ourthe); Chapsal,
général de brigade (Puy-de-Dôme); Berthier,
général en chef de l'armée d'Italie (Rhône);
Sherlock, adjudant général (Vaucluse).

En l'an VI : Brune, général (Corrèze); Milhaud,
chef de brigade (Escaut); Augereau général de
division (Haute-Garonne); Frégeville, général de
brigade (Hérault); Boisard, officier de gendarmerie (Indre-et-Loire); Bernadotte, général de
division (Basses-Pyrénées); Prudon, général de
brigade (Saône-et-Loire); Moiran, général de brigade (Saône-et-Loire).

Nous avons tenu à citer tous ces noms en nous
arrêtant seulement aux plus importants, et
réfuter ainsi l'erreur généralement admise que
les militaires, sous le Directoire, n'avaient leurs
droits électoraux que s'ils étaient en congé
régulier.

Il était essentiel de la rectifier.

VI

LE CONSULAT

Sous la Constituante, la Législative, la Convention et enfin le Directoire, pendant cette période de dix années, qui va de 1789 à novembre 1799, l'armée, émanation de la nation, a toujours été maintenue en étroite communion avec celle-ci. Assurant au pays non seulement la sécurité et l'indépendance, mais encore une gloire impérissable, elle avait été jugée digne par le législateur de jouir de tous les droits politiques accordés à l'ensemble des citoyens ; c'est à peine si quelques restrictions *de pratique* avaient été apportées à cette jouissance dans l'intérêt de la discipline : à aucun moment, on n'avait voulu voir dans ce système un danger pour la Constitution.

En fait, il est évident que les militaires, par suite de l'état de guerre continuel, n'avaient guère été mis à même d'exercer les droits politiques dont les avaient investis la confiance du législateur. Cependant, nous avons montré, en

3.

y insistant d'une façon particulière, la part réellement importante que le corps électoral avait réservée aux militaires dans le choix de ses mandataires. Toutes les Assemblées législatives élues comptaient dans leur sein un grand nombre de militaires, d'ailleurs presque tous du grade le plus élevé : généraux en chef, de division ou de brigade s'y trouvaient en foule ; les officiers subalternes étaient plus rares parmi les élus.

× ×

Les événements du 18 brumaire et l'avènement du Consulat allaient imprimer une orientation nouvelle aux idées qui jusque-là avaient présidé au fonctionnement de notre législation électorale. Le principe électif, qui se trouvait à la base non seulement de notre gouvernement, mais encore de notre organisation judiciaire, administrative... et même militaire, avait été énervé, parfois même faussé par la lutte ardente des partis : une réaction fatale allait amener maintenant un pouvoir exécutif indépendant et plus fort, d'abord à long terme, plus tard héréditaire. La Constitution de l'an III était remplacée le 22 frimaire an VIII (13 novembre 1799) par une nouvelle loi constitutionnelle qui supprimait en fait complètement l'action de la nation dans les élections.

× ×

Aux termes de la Constitution de l'an VIII, le premier Consul se trouvait placé à la tête du gouvernement avec tous les attributs de la puissance exécutive.

Le pouvoir législatif était confié à un groupe d'Assemblées : Corps législatif, Tribunat, Conseil d'Etat, Sénat conservateur.

En principe, le suffrage universel était organisé sur les bases les plus larges. Etait électeur tout Français âgé de 21 ans accomplis, inscrit sur le registre de son arrondissement communal et ayant demeuré depuis au moins un an sur le territoire de la République; il y avait ainsi en France 5 à 6 millions d'électeurs inscrits.

Mais ce suffrage universel n'était qu'une fiction. Les citoyens ainsi inscrits n'élisaient ni des députés... ni même les électeurs. Ils désignaient seulement le dixième d'entre eux : ceux-ci, à leur tour, désignaient le dixième de cette nouvelle catégorie. On aboutissait ainsi à une liste de 50.000 à 60.000 personnes. Ces trois listes portaient le nom de listes des notabilités.

La première constituait la liste des notabilités communales sur laquelle étaient choisis les membres des administrations municipales et des conseils d'arrondissement, les maires, les sous-préfets et les juges de première instance ; sur la seconde, appelée liste des notabilités départementales, étaient choisis les préfets, les juges d'appel, les membres des conseils généraux. C'est sur la troisième, appelée liste des notabilités nationales, qu'étaient pris les ministres, les juges du tribunal de cassation, les conseillers d'Etat et les membres des corps législatifs. En réalité, le corps électoral était constitué par le Sénat seul, et celui-ci, dont les membres avaient été choisis d'abord en majorité par Sieyès et Roger Ducos, s'était ensuite complété par cooptation.

Ainsi donc, malgré les apparences, on était arrivé à l'extrême décadence du principe électif, au point le plus bas qu'il devait atteindre depuis 1789 jusqu'à nos jours.

× ×

Est-il étonnant que, dans de pareilles conditions, la Constitution n'ait pas eu à s'occuper du droit électoral des militaires?

Ce droit électoral est inexistant en réalité pour la nation : il n'est fait aucune exception pour l'armée. D'ailleurs, ce système de représentation fonctionna à peine une fois. Ici aussi, cependant, il faudrait signaler le nombre relativement élevé des militaires qui furent appelés à faire partie des corps législatifs. Mais le rôle qu'ils y jouèrent ne donnerait à cette étude aucun intérêt pratique.

VII

LE PREMIER EMPIRE

Ainsi donc, sous le Consulat, les militaires n'étaient nullement exclus de la nation légale : le droit électoral était d'ailleurs inexistant et les dispositions législatives qui l'avaient établi n'avaient eu pour but que de voiler les principes autocratiques du régime consulaire.

Dans le sénatus-consulte de l'an X, Napoléon ne renonça point à ce qui faisait la force pratique du système précédent, c'est-à-dire à la nomination par le Sénat des membres du Tribunat et du Corps législatif; mais il rejeta le procédé compliqué et presque puéril des listes de confiance et d'éligibilité superposées. Il ne rendit point l'élection aux citoyens actifs, mais il leur donna avec mille précautions un véritable droit de présentation.

Le sénatus-consulte du 16 thermidor an X organisait trois sortes d'assemblées électorales. Les unes, assemblées primaires de canton, comprenaient, sous condition de cens, tous les Français domiciliés dans le canton et qui y jouissaient des droits de citoyen ; ces assemblées cantonales élisaient des collèges d'arrondissement et de département qui présentaient les candidats entre lesquels le Sénat devait choisir les membres des assemblées représentatives. En apparence, c'était le suffrage à deux degrés réduit au droit de présentation : en réalité, c'était un système différent plus complexe et moins libéral encore.

En premier lieu, en effet, les membres élus par les assemblés cantonales pour composer les collèges électoraux d'arrondissement et de département étaient nommés à vie (article 20). Ils ne pouvaient être révoqués que dans des cas très rares, et aux trois quarts des voix (article 21), par le collège cantonal dont ils faisaient partie. Le premier consul pouvait leur adjoindre, suivant les cas, dix ou vingt membres pris par lui dans certaines catégories de citoyens. Enfin, les assemblées cantonales ne pouvaient choisir ceux qu'elles élisaient au collège de département que parmi les « six cents citoyens plus imposés du département aux rôles des contributions foncières, mobilières et somptuaires et aux rôles des patentes ».

Le 18 mai 1804 (28 floréal an XII), un sénatus-consulte proclama Napoléon Bonaparte empe-

reur des Français. 3.572.329 suffrages contre
2.569 lui confirmèrent ce titre. L'armée fut consultée comme le reste de la nation. L'empire fut
déclaré héréditaire de mâle en mâle, par ordre
de primogéniture.

La situation des grands corps de l'Etat fut
modifiée. Le Sénat resta la première des assemblées de l'empire. Les princes français âgés de
18 ans en firent partie de droit. Les membres
du Corps législatif purent désormais discuter,
mais seulement en comité secret. Le Tribunat,
réduit à 50 membres, sera supprimé en 1807.
Une haute cour impériale, composée de 60 sénateurs, 20 conseillers d'État, 20 conseillers
de la cour de cassation, des grands dignitaires,
des grands officiers de l'empire, fut instituée
pour connaître des complots ourdis contre la
sûreté de l'Etat ou la personne de l'empereur,
des attentats contre les membres de la famille
impériale.

Pendant toute la période impériale, la nation
abdiqua entre les mains du souverain tous ses
droits et toutes ses prérogatives.

Les circonstances historiques, l'indifférence
générale pour la liberté politique, dont le peuple

avait abusé quelques années auparavant, avaient permis à ce régime de vivre.

Les militaires n'étaient nullement exclus des divers collèges électoraux. Ils n'auraient d'ailleurs rien perdu à l'être. Bien au contraire, les militaires, en grand nombre, faisaient partie des diverses assemblées. On sait que l'empereur incorporait dans le Sénat ses plus illustres généraux. Or, comme le Sénat choisissait les membres des autres assemblées sur les listes de présentation, l'élément militaire se trouvait forcément représenté. L'Empire restait, en cela, conforme aux traditions laissées par la République.

Il a été nécessaire d'entrer dans tous ces détails pour détruire les erreurs courantes. Des auteurs peu documentés ont prétendu que, sous la Révolution et l'Empire, l'armée était exclue de la vie politique du pays. C'est une erreur.

Sous l'Empire, la vie politique du pays était morte, il est vrai, mais aussi bien pour les civils que pour les militaires, et ces derniers étaient plus occupés à remporter des victoires qu'à faire de la politique.

VIII

LA RESTAURATION ET LA MONARCHIE DE JUILLET

Avec la Restauration commença le règne du régime bourgeois et censitaire. Les diverses lois électorales de cette époque placèrent le suffrage politique entre les mains des classes les plus riches et particulièrement des propriétaires fonciers. Tout Français jouissant des droits civils et politiques, âgé de 25 ans accomplis et payant 300 francs de contributions directes était électeur s'il présentait par ailleurs les conditions fixées par la loi. L'électeur était appelé à concourir à l'élection du département où il avait son domicile politique (1). La loi ne comporte aucune restriction des droits politiques des militaires. Elle édicte seulement dans son article 17 une incompatibilité : « Les officiers généraux commandant les divisions militaires ne peuvent

____

(1) Article 5 de la loi du 5 février 1817.

être élus députés dans les départements où ils exercent leurs fonctions. »

Les militaires en possession du cens électoral, d'ailleurs fort élevé, restaient soumis au droit commun ; on se bornait à exiger d'eux qu'ils remplissent leurs fonctions électorales sans être revêtus de la *tenue militaire*. On peut lire en effet au *Moniteur* du 22 septembre 1817 : « Nous sommes informés que le ministre de l'intérieur, considérant que les choix confiés aux électeurs doivent être le résultat des votes des notables de la nation sans distinction de classes et de fonctions, a décidé qu'aucun uniforme de la garde nationale ou de l'armée ne pourra être porté dans les réunions électorales. » On cite le cas du général Cafarelli et du maréchal Lefebvre qui se virent un jour refuser l'accès d'un bureau de vote parce qu'ils étaient en uniforme. Il était également interdit aux officiers d'assister en tenue aux réunions électorales.

Après la Révolution de 1830, la loi du 19 avril 1831 abaissa sensiblement le cens électoral, organisa le scrutin d'arrondissement, mais laissa aux militaires en activité de service les mêmes droits politiques que leur avait donnés la législation antérieure.

Sous ce régime l'armée, de même que la nation, était en fait exclue de la vie politique par l'élévation du cens électoral.

IX

LA DEUXIÈME RÉPUBLIQUE

Le mouvement des idées qui se faisait sentir dans le pays plusieurs années avant la chute de Louis-Philippe n'avait pas laissé l'armée indifférente. Même à cette époque où le système de recrutement pouvait permettre de considérer l'armée comme une classe spéciale de la population active, celle-ci vivait en contact étroit avec la nation. Sourdement travaillés par les sociétés secrètes nombreuses, les sous-officiers surtout étaient prêts à se déclarer en faveur d'un régime républicain.

Déjà, en 1842, paraissait un ouvrage sur les devoirs civiques des militaires, couronné d'ailleurs peu après par la *Société de morale chrétienne*, et où l'on pouvait relever des passages dans le genre de celui-ci :

« Si ces droits (d'être électeur et éligible) naturels ou dérivés du citoyen de tout pays libre, ne sont pas reconnus dans la nation dont le militaire est membre, il ne doit rien faire contre les revendications populaires, tentées pacifiquement

dans le but de se donner ces franchises impres-
criptibles ; et son devoir est d'enfreindre les
ordres contraires de ses supérieurs. »

Ou encore :

« Tout militaire a non seulement le droit,
mais le devoir, de s'occuper avec une vigilante
sollicitude et un grand amour des affaires publiques. Par conséquent, de repousser, au préju-
dice s'il le faut de son avancement dans la hiérarchie militaire, les insolentes prétentions de
ses supérieurs et du ministre même qui tente-
rait de l'intimider à cet égard. »

C'est en vain que le gouvernement avait
essayé d'endiguer ce courant, en créant des
bibliothèques régimentaires destinées, dans son
esprit, à diriger l'état d'esprit des sous-officiers.

L'attitude de l'armée au moment du soulèvement de 1848 montra, trop tard pour la monarchie déchue, que le remède avait été inefficace.

En effet, dès les premiers jours, l'armée tout
entière apporta au gouvernement provisoire une
adhésion spontanée. Les écoles Polytechnique
et de Saint-Cyr les premières, puis les officiers
supérieurs de la garnison de Paris vinrent d'eux-
mêmes mettre leur épée au service du nouveau

régime. Maréchaux, généraux, amiraux envoyèrent successivement au gouvernement provisoire leur adhésion sans réserves et affirmèrent le dévouement des troupes placées sous leur commandement. Le maréchal Bugeaud lui-même qui, dans la nuit du 23 au 24 février, avait reçu du roi le commandement des troupes chargées de le défendre, se mettait dès le 28 aux ordres du nouveau gouvernement. Comment celui-ci allait-il pouvoir reconnaître le loyalisme que manifestait ainsi l'armée ?

× ×

Le premier acte du gouvernement provisoire fut d'accorder au pays le suffrage universel : jamais, à aucune époque de son histoire, la France n'avait encore possédé une loi électorale aussi large. Etaient électeurs tous les Français âgés de 21 ans, résidant dans la commune depuis six mois et non judiciairement privés ou suspendus de l'exercice des droits civiques.

Etaient éligibles tous les Français âgés de 21 ans et non privés ou suspendus de l'exercice des droits civiques.

L'élection avait lieu au scrutin de liste au suffrage direct.

Le décret du 5 mars 1848 restait muet sur la question de la participation des militaires aux élections. Que signifiait ce silence? On a pu constater que, de 1789 à 1848, l'armée n'avait jamais été l'objet d'une exclusion absolue de la vie politique du pays. Était-ce au moment où elle venait de donner au gouvernement des preuves de son entier dévouement qu'on allait la laisser en dehors de la consultation nationale ?

C'eut été inadmissible. Mais les difficultés pratiques de tous genres que rencontre l'exercice du droit de vote par *tous* les militaires, officiers, sous-officiers et soldats, nécessitaient des décisions délicates qui n'avaient pu être prises en si peu de temps. Garnier-Pagès raconte, dans ses Mémoires, les hésitations du gouvernement provisoire à ce sujet.

Dès le 25 février, celui-ci adressait à l'armée une proclamation vibrante: « Vous sentirez, disait-il, que les nouvelles et fortes institutions populaires qui vont émaner de l'Assemblée nationale ouvrent à l'armée une carrière de dévouement et de services que la nation libre appréciera et récompensera mieux que les rois. Il faut rétablir *l'unité de l'armée et du peuple, un moment altérée.* »

C'étaient là des phrases; il fallait des actes. Or

d'après le décret du 5 mars, les électeurs devaient voter au chef-lieu de leur canton ; cette prescription semblait exclure l'armée de l'exercice des droits politiques. Une mesure semblable aurait soulevé un très vif mécontentement.

Au sein du gouvernement provisoire, la discussion du droit de vote pour les militaires avait fait l'objet d'une vive discussion. Garnier-Pagès la résume en ces mots :

« Si elle vote, elle pourra délibérer ; si elle délibère, la discipline est à néant, l'armée est en pleine dissolution ; et de plus, le gouvernement, maître de transporter à sa guise des masses de troupes d'un endroit à un autre, pourra obtenir, par ces mouvements, des majorités factices dans les collèges qu'il choisira. » D'autres objections furent encore émises, qui firent adopter la négative. Le procès-verbal de la séance, que nous avons devant les yeux, dit : « Non ! attendu l'impossibilité de faire voter les soldats dans leur commune, sans disperser l'armée d'une manière arbitraire et dangereuse pour la sécurité nationale (1). »

Toutefois la question ne fut pas tranchée. Elle

____

(1) Garnier-Pagès, *la Révolution de 1848*, VI, 247.

fut réservée pour une nouvelle séance, tenue le 7 mars. Une considération importante s'imposa à l'attention du gouvernement provisoire :

« Cette espèce d'ostracisme allait être regardé comme une défaveur après les journées de février ; ce déni du droit commun allait blesser au cœur l'armée, au moment même où le gouvernement provisoire s'efforçait de rétablir entre elle et le peuple une confiance mutuelle (1) ».

Le droit électoral fut en conséquence reconnu à l'armée.

Le 8 mars 1848, le gouvernement provisoire publiait une instruction relative aux élections générales. Les articles 37 et 38 établissaient les conditions dans lesquelles les militaires étaient appelés à exercer leurs droits politiques.

Les chefs de corps devaient, aussitôt la réception de l'instruction du gouvernement, communiquer celle-ci à leurs subordonnés en l'accompagnant des explications nécessaires et en leur donnant le chiffre des représentants attribués à leurs départements respectifs.

----

(1) Garnier-Pagès, *loc. cit.* 248.

Entre les deux solutions envisagées pour le mode de scrutin du militaire, celle qui avait été adoptée présentait un juste milieu. Vu la double impossibilité de faire voter les militaires dans leur garnison respective ou dans leur commune d'origine, on avait décidé de former, dans chaque corps, des sections militaires de vote.

Les électeurs militaires devaient constituer autant de sections de vote qu'il y avait *dans le corps* de départements représentés. La réunion était présidée par le plus ancien en grade, assisté de quatre scrutateurs pris, deux parmi les plus jeunes et deux parmi les plus âgés sous-officiers et soldats sachant lire et écrire. Cette condition exigeait donc la présence dans le corps d'au moins 5 représentants d'un même département pour permettre la constitution d'un bureau : lorsque les électeurs se trouvaient en nombre inférieur, ils étaient inscrits sur les listes de la mairie de leur garnison et votaient comme les autres citoyens.

Le vote était émis ensuite dans une forme semblable à celle suivie par l'ensemble des citoyens. Les bureaux une fois constitués, le président commençait par rappeler « aux électeurs réunis l'importance de l'acte qu'ils allaient accomplir », et il les engageait ensuite « à émettre leurs votes secrètement en toute conscience et en toute liberté ». Chaque électeur remettait ensuite à un membre du bureau son bulletin de vote qu'il avait dû au préalable écrire, ou faire écrire, en dehors de la salle.

Les bulletins étaient dépouillés séance tenante et publiquement. Le résultat, cacheté et certifié par les intendants, devait être envoyé par les soins du président du bureau au commissaire du département intéressé et compris dans le recensement général.

Le décret de 1848 laissait en suspens des questions de détail des plus délicates. Dans quelle position allaient se trouver les militaires élus ? En pratique le ministre de la guerre leur accorda une autorisation spéciale pour venir siéger : ce n'était ni régulier, ni admissible.

Nulle disposition ne réglait les droits des militaires en campagne, en particulier ceux des marins embarqués.

Enfin, une circulaire ministérielle du 15 mars suivant venait préciser les points que le décret du gouvernement provisoire avait laissés dans l'ombre, en particulier la confection des listes électorales. Celles-ci devaient être établies par

les fonctionnaires de l'intendance ou leurs suppléants. Nous étudierons bientôt le mécanisme
du scrutin militaire et nous verrons dans quelles
conditions eurent lieu effectivement les élections, au point de vue particulier qui nous
occupe.

Le gouvernement pouvait dire avec raison,
dans sa proclamation au peuple français, en
date du 15 mars :

« La loi électorale provisoire que nous avons
faite est la plus large qui, chez aucun peuple de
la terre, ait jamais convoqué le peuple à
l'exercice du suprême droit d'homme, sa propre
souveraineté... Tout Français en âge viril est
citoyen politique. Tout citoyen est électeur, tout
électeur est souverain. Le droit est égal et absolu
pour tous. Il n'y a pas un citoyen qui puisse dire
à l'autre : *Tu es plus souverain que moi* ».

× ×

Ainsi, dans un but d'apaisement, le gouvernement provisoire avait adopté le système le
plus libéral : droit de vote pour tous, officiers,
sous-officiers et soldats; mais cependant il était
inquiet sur les conséquences d'une semblable
mesure et dès le 12 mars, le ministre de l'inté-

rieur adressait aux commissaires du gouvernement, dans les départements, une circulaire exprimant nettement les vues du gouvernement provisoire au sujet de la participation de l'armée à la vie politique du pays. Une partie de cette circulaire mérite d'être citée ici :

« Vous devez apporter de grands ménagements dans cette partie de vos fonctions. Tout ce qui, de votre part, blesserait la juste susceptibilité des chefs de corps ou du soldat, serait une faute inexcusable. J'ai appris que, dans plusieurs départements, les commissaires n'ont pas établi sur-le-champ un lien entre eux et l'autorité militaire ; je m'en étonne et vous invite à ne pas manquer à ces règles si simples de bonne politique et de convenance. L'armée a montré, dans ces derniers événements, sa vive sympathie à la cause républicaine ; il faut se la rattacher de plus en plus. Elle est peuple comme nous ; elle est la première barrière qui s'opposerait à une invasion. *Elle va entrer pour la première fois* (1) *en possession de droits politiques. Honorez-la donc, et conciliez-vous les bons sentiments de ceux qui la commandent ; n'oubliez pas non plus que*

____

(1) C'était d'ailleurs là une erreur.

vos pouvoirs ne sauraient toucher à la discipline. Ils se résument en ces deux mots : Vous servir de la force militaire ou la contenir, et la gagner par des témoignages d'estime et de cordialité. »

Effectivement, les commissaires déployèrent la plus grande activité pour déterminer l'armée à voter conformément aux désirs du gouvernement. Certains signalèrent aussitôt au ministre de la guerre l'absence dans les garnisons de généraux commandants d'armes « pour donner à la troupe la direction et l'impulsion convenables ». Ailleurs, c'est un général, commandant une division militaire, qui se propose de faire afficher à l'intérieur des casernes une liste des candidats ne comprenant que les noms agréables au gouvernement. Le général commandant la 1re division interdit même « une réunion militaire préparatoire » projetée par les officiers de la garnison de Versailles, *alléguant que la discipline faisait à ceux-ci un devoir de voter dans le sens du gouvernement : nul besoin pour cela de discussion préalable.*

Non seulement l'armée devait voter, mais elle devait le faire conformément aux vues du gouvernement.

L'armée.

4

La circulaire ministérielle du 15 mars avait divisé pour le scrutin les militaires en deux catégories : 1° ceux qui étaient en congé, disponibilité, non-activité ou réforme ; 2° ceux qui étaient en activité de service.

Les militaires de la première catégorie étaient inscrits au lieu de leur domicile respectif et votaient avec leurs concitoyens. Toutefois, dans certaines garnisons, on rangea dans cette catégorie les militaires appartenant au même département, lorsque leur effectif, dans cette garnison, était inférieur à 6 (les cinq membres du bureau, plus un votant) : inscrits alors sur les listes de la mairie, ces derniers votaient dans les mêmes conditions que les autres citoyens.

Pour les militaires en activité, de nombreuses difficultés se présentèrent ; elles allaient avoir pour principal résultat d'altérer singulièrement la sincérité du vote. Nous laisserons de côté les questions nombreuses que souleva l'application du nouveau décret dans la marine militaire, et nous ne nous occuperons que de l'armée de terre.

Dès que la circulaire ministérielle arriva dans les corps, elle fut communiquée aux troupes et commentée aux hommes par leurs officiers. Les fonctionnaires de l'intendance ou leurs suppléants procédèrent aussitôt dans chaque garnison à la confection des *listes électorales militaires*. Il fut établi dans chaque corps autant de listes qu'il y avait de départements représentés par un nombre d'électeurs égal ou supérieur à six. Afin de diminuer le nombre d'électeurs à inscrire sur les registres de la mairie, le décret du gouvernement provisoire fut violé dans certaines garnisons et les listes furent établies non plus pour chaque corps, mais pour la garnison entière. Les électeurs étaient inscrits par ordre alphabétique. Les listes furent ensuite affichées pendant deux jours à l'intérieur des casernes où chacun put en prendre connaissance.

La même circulaire prescrivait de communiquer aux électeurs le nombre de représentants attribué à leurs départements respectifs; mais rien n'était prévu pour que ceux-ci fussent informés du nom des candidats en présence. On peut se demander alors dans quelles conditions un soldat, originaire des Bouches-du-Rhône par exemple, et ayant quitté depuis cinq, six ou même sept ans sa commune d'origine pour accomplir son service militaire, et en garnison à Rouen le jour des élections, allait pouvoir choisir en pleine connaissance de cause, les noms des dix candidats qui lui paraissaient les plus dignes d'être élus représentants de son département.

On conçoit quels abus devaient se produire. Il s'en produisit, en effet, et des plus criants.

Lors de la discussion de la loi électorale, à la séance du 7 mars 1849, le citoyen Callet rappelait ce fait :

« Au mois d'avril dernier, il y avait un délégué du gouvernement provisoire à ma sous-préfecture; ce délégué fait à l'hôtel de ville une liste de candidats dans laquelle il se porte, naturellement. Puis il l'envoie, sous le sceau de la sous-préfecture, à tous les régiments avec une apostille qui dit que cette liste est l'expression du sentiment public. »

× ×

Le 23 avril 1848, le scrutin fut ouvert dans toutes les garnisons de France.

Les bureaux constitués (par garnison ou par corps), le président de chaque assemblée commença par rappeler « aux électeurs réunis, l'importance de l'acte qu'ils allaient accomplir, et les engagea à émettre leurs votes secrètement. en toute conscience et en toute liberté ».

Ensuite chaque groupe départemental fut introduit successivement dans la salle du scrutin. Chaque électeur qui, au préalable, avait écrit ou *fait écrire* à l'extérieur de la salle son bulletin de vote, remit ce dernier à l'un des membres du bureau.

Le dépouillement eut lieu ensuite dans les conditions indiquées, et les résultats furent envoyés aussitôt aux départements intéressés. C'est ainsi que, pour la première fois en France, l'armée *entière* participa activement à la vie politique du pays.

Les conditions spéciales dans lesquelles eurent lieu dans le pays les élections de 1848, et la courte durée de la période électorale empêchèrent toute lutte sérieuse, et c'est dans le plus grand calme et sans soulever de protestations immédiates que l'armée put jouir du droit qui venait de lui être accordé.

×·×

Le 4 novembre 1848, la Constitution est votée, maintenant dans son intégrité le suffrage universel. Le 29 janvier 1849, le citoyen Billault, rapporteur de la Commission électorale, déposa un projet de loi électorale. L'article 2 du projet était ainsi conçu : « La liste électorale comprendra, par ordre alphabétique, tous les Français âgés de 21 ans accomplis, jouissant de leurs droits civils et politiques et habitant dans la commune depuis six mois au moins. Les militaires en activité de service, et les hommes retenus pour le service des ports ou de la flotte, en vertu de leur immatriculation sur le rôle de l'inscription maritime, seront portés sur la liste des communes où ils étaient domiciliés avant leur départ. » Des extraits de ces listes renfermant tous les militaires en activité de service étaient ensuite adressés aux intendants militaires.

L'article 58 fixait les conditions dans lesquelles les militaires seraient appelés à exercer le droit électoral. Le vote aurait lieu par corps et par départements : les bulletins seraient ensuite transmis au préfet et compris dans le recensement général des votes du département.

Les articles 64, 65, 66 et 67 étaient ainsi rédigés : « Pour l'élection du président de la République, les militaires en activité de service votent avec les autres électeurs au lieu où ils se trouvent le jour de l'élection. Dans les villes divisées en plusieurs sections, ils sont répartis entre les

diverses sections par un arrêté spécial du maire.
Leurs bulletins seront confondus dans la même
urne, avec ceux des autres citoyens. Au cas où
des circonstances particulières rendent impossible le vote en commun avec les autres électeurs,
les opérations électorales ont lieu sous la présidence de l'officier le plus élevé en grade, assisté
de quatre scrutateurs choisis comme il est dit à
l'article 58. » L'article 75 interdisait l'élection
dans leur ressort des généraux commandant les
divisions et subdivisions militaires. On y ajouta
plus tard également les intendants et sous-intendants militaires dans leur circonscription.

L'Assemblée aborda, le 8 mars, la discussion
du droit de vote des militaires. A l'article 60
(ancien article 58 du projet) le représentant
Callet proposa une nouvelle rédaction : « L'exercice du droit électoral est suspendu pour les militaires des armées de terre et de mer pendant
toute la durée de leur service actif. » Aussitôt, de
divers côtés de l'Assemblée, on demanda la
question préalable, une pareille motion étant
contraire à la Constitution. C'est au milieu d'un
violent tumulte que Callet développa sa proposition : « Ce qui fait un électeur, dit-il, c'est qu'il
est essentiellement libre, et ce qui fait un soldat,

c'est qu'il est essentiellement obéissant. Par conséquent, au point de vue du droit, au point de vue constitutionnel, un soldat ne peut pas être électeur... Si vous voulez introduire l'esprit politique dans les régiments, vous y tuez la discipline, vous y tuez l'esprit militaire. » La motion de Callet fut écartée par le vote de la question préalable.

A cet article 60, la commission avait ajouté un paragraphe ainsi rédigé : « Néanmoins, l'exercice du droit électoral est suspendu pour les armées en campagne et pour les marins de la flotte se trouvant en cours de navigation.

Le représentant Ducoux en demanda la suppression : « C'est lorsque l'armée, s'écria-t-il, va se battre aux frontières pour la mère patrie que vous diminuez les droits lorsque vous augmentez les devoirs ! C'est une injustice que vous ne pouvez pas commettre. » (*Mouvements en sens divers.*) Le colonel Charras, au nom de la minorité de la commission électorale, vint appuyer la proposition de Ducoux, employant d'ailleurs les mêmes arguments. Soutenue par Lagrange, combattue par Larabit, la proposition de Ducoux fut rejetée à une grosse majorité et le paragraphe de la commission adopté.

A la séance du 9 mars, un paragraphe additionnel fut proposé **par Desclais et Lagrange** : « Cette suspension n'aura lieu toutefois qu'autant qu'elle sera impérieusement réclamée soit par les exigences rigoureuses du service, soit par l'impossibilité de faire parvenir en temps utile les procès-verbaux du vote.» Combattue par V. Lefranc et le général Oudinot, la disposition additionnelle fut rejetée par 534 voix contre 191. Enfin, sur l'intervention du général Foy, il fut convenu que l'armée d'Algérie ne serait pas considérée comme étant en campagne.

✕ ✕

La situation des officiers était réglée par une disposition spéciale insérée à l'article 83 de la nouvelle rédaction : « A dater du jour de leur admission, et pendant la durée de leur mandat, les officiers de tous grades et de toutes armes, nommés représentants du peuple seront considérés comme étant en non-activité ; les sous-officiers et soldats comme étant en congé. Le temps passé à l'Assemblée nationale ne comptera ni pour la retraite, ni pour l'avancement. »

Plusieurs amendements avaient été déposés. Un de ceux-ci tendait à faire considérer les offi-

ciers élus, comme « en mission hors cadre », les
sous-officiers et soldats « en congé temporaire »
et supprima la dernière phrase du paragraphe.
Il fut vigoureusement défendu à la tribune par
Larabit, appuyé par les généraux de Baraguey
d'Hilliers et Lamoricière. La rédaction de la
Commission fut défendue par son rapporteur et
par le représentant Saint-Romme.

Une énergique intervention du général Oudinot fit triompher la thèse de ses collègues et rejeter la rédaction de la commission : « Le service
militaire n'est pas facultatif, ajoutait ce dernier ;
le sort impose, avec l'obligation de servir, de
graves obligations ; il exige une abnégation personnelle incessante, un dévouement absolu à
l'intérêt général ; *mais, en retour de ces sacrifices,
il concède des droits qui n'ont jamais été méconnus
par aucune assemblée*. Nous en réclamons aujour-
d'hui l'application... L'amendement de la commission fermerait l'accès de l'Assemblée aux militaires, et vous ne tarderiez pas à le regretter. »

En résumé, lors des élections du 13 mai 1849,
les militaires se trouvèrent dans une situation
analogue à celle de 1848 : électeurs et éligibles,
ils jouissaient des mêmes droits que l'ensemble
des citoyens.

Dès le début de la campagne électorale qui précéda les élections de 1849, les sous-officiers prirent une part active aux discussions politiques qui agitaient les masses. Le gouvernement, pour enrayer ce mouvement, envoya inutilement à l'Abbaye 15 sergents-majors. C'est à Paris que cette agitation se développa le plus largement.

Le comité socialiste de la Seine convoqua, salle Martel, à Paris, les électeurs militaires pour y procéder à la désignation des candidats du parti. Des troubles graves, sévèrement réprimés par le gouvernement, accompagnèrent cette réunion.

Des officiers de l'armée de terre et de l'armée de mer (le lieutenant de vaisseau Cournet, par exemple) firent une propagande active parmi les démocrates militaires. Chaque régiment nomma des délégués pour recueillir les suffrages en faveur des candidats socialistes. Une proclamation adressée à toute l'armée était signée des « sous-officiers et soldats démocrates et socialistes de l'armée de Paris ».

Le gouvernement voulut intervenir : il était trop tard.

Le 25 avril, on connaissait à Paris le résultat des consultations faites dans les corps de troupes.

Le comité électoral du parti socialiste de la Seine rédigeait un procès-verbal ainsi conçu : « Les sous-officiers et soldats démocrates socialistes de l'armée de Paris ont l'honneur de proposer à leurs frères du peuple de la Seine le citoyen Boichot, sergent-major... et le citoyen Rattier, sergent .. comme candidats de l'armée. Cette élection a pour but de consacrer l'union du peuple et de l'armée. »

Le gouvernement, effrayé, débordé, ne commit plus que des maladresses. Il fit offrir à Boichot, pour prix de son désistement, l'épaulette de sous-lieutenant. Boichot refusa ; il fut immédiatement incarcéré, par ordre de l'autorité militaire, pour avoir accepté une candidature socialiste.

Cette incarcération fut suivie de nombreux soulèvements dans les régiments. Des troubles graves eurent lieu au 7° léger. La presse publia des protestations des délégués militaires ; le résultat de cette agitation fut l'élection de Boichot et de Rattier.

Quelques jours après les élections, les sous-officiers offrirent un banquet à leurs élus. Boichot, pour les remercier, paraphrasa la formule célèbre : « La révolution de 1848, leur dit-il, en détruisant le régime des castes, en fondant le suffrage universel, a placé les insignes de représentant du peuple dans la giberne de chaque soldat. »

La *Presse*, comparant le triomphe des sous-officiers socialistes élus à l'échec éprouvé par Thiers et Molé, disait : « Leur élection équivaut indirectement, mais inévitablement, à l'abolition du recrutement et de l'esclavage militaire. »

× ×

Malgré les conditions particulières dans lesquelles l'armée fut appelée à prendre part aux scrutins du 23 avril 1848 et du 13 mai 1849, des enseignements féconds sont à puiser dans les événements de cette époque : ils sont aisés à dégager des faits eux-mêmes.

Le gouvernement provisoire s'était trouvé en face de deux alternatives : faire voter les soldats dans leur ville de garnison, ou les faire voter à part en comprenant leur vote dans celui de leur département d'origine, comme cela se pratique en Norvège de nos jours. Le premier système avait dû être écarté pour éviter au gouvernement le reproche d'accumuler les troupes dans les centres où il était nécessaire pour lui d'obtenir une majorité. Le second système avait été adopté après une longue délibération : la pratique en démontra les très graves inconvénients.

Ainsi, avons-nous dit, les soldats se trouvaient dans une ignorance à peu près complète des luttes politiques de leur département d'origine, en raison de leur absence parfois longue, et c'est alors que les pressions de tous genres pouvaient se donner libre carrière.

Malgré toute l'impartialité voulue par le gouvernement, il serait illusoire de croire à la sincérité des votes émis par les soldats ; ceux-ci devaient écrire eux-mêmes leurs bulletins de vote à la porte de la salle de vote ; en cas d'incapacité, ils devaient le faire écrire par un camarade. Le nombre des illettrés était alors relativement élevé dans notre armée. Il est certain que ce furent les sous-officiers qui, le plus souvent, rédigèrent les bulletins de vote de leurs hommes : on voit à quels abus pouvait prêter une telle pratique.

L'influence des officiers sur leurs hommes et surtout sur leurs cadres était incontestable à une époque où le service à long terme confiait aux mêmes hommes, pendant une assez longue période, le soin d'instruire et de former les mêmes subordonnés.

Ce furent donc, en dernière analyse, les officiers qui assurèrent les élections en ce qui concerne les voix militaires.

Il faudrait peu connaître le soldat de l'époque —-celui de tous les temps — pour ne point se représenter avec quelle facilité un chef estimé ou habile pouvait obtenir de ses hommes le vote qu'il souhaitait; car, ici, les sentiments militaires entraient en jeu, la *discipline* sans doute pour les uns, mais aussi et surtout le *dévouement spontané* que fait naître la confiance en un chef, pour les autres.

Cependant, il ne semble pas que le gouvernement ait su ou voulu profiter de ce concours de circonstances, car, le plus souvent, l'intervention de son commissaire se borna à faire afficher dans les casernes les listes de candidats de tous les départements, en ne comprenant sur ces listes que les candidats du gouvernement.

Les chefs militaires, eux, n'usèrent pas de la même discrétion. Cependant, et le fait est curieux, il n'y eut, à proprement parler, du moins pour les élections du 23 avril 1848, aucune entente

préalable entre les officiers en vue des élections.
Quelques timides essais furent tentés dans certaines grandes garnisons, pour tenir dans les cercles militaires des réunions politiques préparatoires : les commandants d'armes, après en avoir référé au ministre de la guerre, interdirent sévèrement toute pratique de ce genre. Il n'y eu donc aucun concert préparé. D'ailleurs, le ministre de la guerre avait donné son avis de la façon la plus claire : dès l'instant que la confiance du gouvernement avait appelé l'armée à prendre part aux élections, celle-ci devait répondre à cette confiance en votant pour le gouvernement : c'était là un devoir ; point n'était besoin de discussion pour l'accomplir.

Pour apprécier exactement la mesure de l'intervention des chefs dans les élections, il suffit d'examiner les résultats des élections : celles du 23 avril 1848 amenèrent à la Chambre 22 maréchaux ou généraux et 2 vice-amiraux ; celles du 13 mai 1849, qui eurent lieu dans les mêmes conditions, 36 maréchaux ou généraux et 6 vice-amiraux ou contre-amiraux, soit, dans le dernier cas, 42 officiers généraux des armées de terre ou de mer. En un an, leur nombre avait presque doublé. Certains même, comme Lamoricière et

Changarnier, furent élus par plusieurs départements.

De tous les points de la France, des protestations s'élevèrent contre un système qui se prêtait à de pareils abus. Des journaux, le *Constitutionnel* en tête, demandèrent que, dans l'armée, les militaires réunis en groupes électoraux spéciaux — dont la loi aurait désigné le nombre et l'importance — nommassent des députés, *civils ou militaires*, qui, élus après discussion, en connaissance de cause, seraient ainsi véritablement les députés de leur choix. Ainsi, les voix militaires ne pèseraient pas trop lourdement dans le scrutin. Des pétitions dans ce sens, adressées au gouvernement, se couvrirent de signatures. Ce fait seul montre la gravité du mal auquel on voulait remédier.

Un autre inconvénient, et non des moindres, était celui de rendre publiques les préférences de l'armée. Dans chaque département, la somme des voix militaires venues de tous les points du territoire s'ajoutait à celle des électeurs du département, de sorte que si le vote du soldat isolé était secret, celui de l'armée, considéré en bloc, était, au contraire, public. On trouve dans l'histoire des exemples nombreux de coups d'Etat favorisés par la connaissance de cette opinion. Et il est certain que, pour la période qui nous intéresse, Napoléon Bonaparte trouva dans cette disposition le moyen le plus sûr et le plus efficace de préparer l'armée en sa faveur et de se rendre compte de l'appui qu'elle était en état de lui offrir.

L'exercice du droit de vote par tous les militaires s'était heurté, en 1848, et plus encore en 1849, à deux écueils sérieux : d'une part l'intervention gouvernementale, celle-ci d'ailleurs très peu sensible ; d'autre part l'intervention plus directe et par là d'autant plus efficace des chefs militaires. Cette dernière avait pu, dans bien des cas, fausser les élections, parfois même les dénaturer ; elle en avait presque toujours altéré la sincérité.

Mais ces troubles graves de l'exercice du nouveau droit constitutionnel n'avaient du moins pas eu pour conséquence de porter atteinte à la discipline et de mettre en danger la constitution même de l'armée. Les événements qui accompagnèrent les élections du 13 mai 1849 révélèrent les difficultés presque insurmontables qui s'opposent à tout essai de conciliation du suffrage universel absolu avec les exigences de l'état mili-

taire. Le danger allait venir des luttes politiques
elles-mêmes.

En 1848, des troubles sans gravité avaient déjà
éclaté au moment des élections dans certaines
garnisons. Pour les arrêter, il avait suffi au gouvernement d'adresser à l'armée le 30 mars une
proclamation qui débutait ainsi :

« Soldats citoyens,

» Vous devez à la République un titre de
plus. Vous n'étiez que soldats, elle vous a faits
citoyens en vous restituant votre part de la souveraineté du peuple.

» Mais en vous conférant ce titre de plus, la
République vous impose un devoir de plus. Vous
n'aviez que les devoirs du militaire ; vous avez
maintenant ceux du citoyen.

» Vous n'aviez qu'une loi : la discipline; vous
en avez deux : la discipline et l'amour de l'ordre.

» La discipline et l'ordre ont été troublés dans
quelques régiments. Le gouvernement provisoire de la République a porté aussitôt son attention sur ces faits... »

En 1849, ces troubles se renouvelèrent, cette
fois plus aigus, surtout à Paris, avant, pendant
et même après les élections. Le sergent-major

Boichot obtenait 127.998 voix, le maréchal Bugeaud 107.437 seulement. Le sergent Rattier en obtenait 110.482 contre 107.825 au général Rapatel. Il serait exagéré de voir dans ce fait seul une atteinte à la discipline. Il est cependant certain qu'il était propre à la favoriser. Mais il y eut plus : on offrit l'épaulette à Boichot pour prix de son désistement; ce sous-officier refusa, il fut incarcéré, ce qui fit naître une très vive agitation, particulièrement au 7e léger.

× ×

Cet exposé succinct permet de se rendre compte de la complexité de la question des droits politiques des militaires. Des événements de 1848-1849 on peut dégager l'évidence du péril que présenterait pour le pays, l'octroi de leurs droits politiques à tous les militaires sous les drapeaux ; mais les inconvénients relevés n'existent en réalité qu'en ce qui concerne les militaires *de passage* sous les drapeaux. Le danger serait plus grave encore aujourd'hui qu'en 1848, car il ne s'agit plus d'une armée de métier, mais de la nation armée qui, si l'on introduisait la discussion politique dans les casernes, ne tarderait pas à devenir une garde nationale bruyante et indisciplinée. D'ailleurs les militaires qui accomplissent sous les drapeaux les devoirs de citoyens subissent tous la loi commune ; ils ne sauraient trouver, dans la situation qui leur est faite, le germe d'une revendication. Toute revendication n'est légitime et puissante que si elle est basée sur une inégalité.

En revanche, l'application des arguments tirés de l'histoire de la deuxième République à la question des droits politiques des militaires *de carrière* serait aussi injustifiée que peu conforme à la vérité historique.

X

LE SECOND EMPIRE

Proclamé par le gouvernement provisoire lors
des élections à l'Assemblée constituante en avril
1848, inscrit dans la Constitution au mois de février de la même année, organisé enfin par la loi
électorale du 15 mars 1849, le suffrage universel
était entré définitivement dans nos institutions;
la législation postérieure devait le maintenir jusqu'à nos jours.

On pourrait signaler seulement une tentative
de restriction à ce droit, apportée par la loi du
31 mai 1850; impossible à atteindre directement
sans violer la Constitution, on voulut essayer
d'un moyen juridique; malgré la très vive résis-
tance de la minorité de l'Assemblée législative,
l'article 1ᵉʳ exigea un domicile de trois années
dans la même commune ou dans le même canton, constaté par l'inscription de l'électeur au
rôle de la taxe personnelle ou au rôle de la pres-
tation en nature sur les chemins vicinaux; cette
mesure, vite impopulaire, atteignait principalement les ouvriers des villes. La loi du 30 mai

fut abrogée le 2 décembre 1851 et le suffrage re-
devint universel.

Après le coup d'Etat du 2 décembre, le gouvernement direct, renouvelant le procédé inauguré
par Bonaparte en l'an X, fit sa réapparition sous
une forme nouvelle : celle du plébiscite. Louis-
Napoléon, président de la République, demanda
au peuple l'autorité et les pouvoirs nécessaires
pour rédiger une constitution conforme aux dé-
clarations contenues dans sa proclamation. Le
pays lui accorda sa confiance le 21 décembre
par 7.439.216 *oui* contre 640.737 *non*.

Aussitôt après le coup d'Etat, Napoléon avait
adressé, avec son appel au peuple dans lequel il
déclarait vouloir maintenir la République, un
appel à l'armée dans lequel il était facile d'aper-
cevoir l'arrière-pensée impérialiste : « Votez donc
librement comme citoyens, disait-il aux militaires; mais, comme soldats, n'oubliez pas que
l'obéissance passive aux ordres du chef du gouvernement est le devoir rigoureux, depuis le
général jusqu'au soldat. C'est à moi, responsable
de mes actions devant le peuple et devant la pos-
térité, de prendre les mesures qui me semblent
indispensables pour le bien public. » Et encore :
« Soldats, soyez fiers de votre mission; vous

sauverez la patrie, car je compte sur vous, non pour violer les lois, mais pour faire respecter la première loi du pays, la souveraineté nationale dont je suis le légitime représentant. »

× ×

Louis Bonaparte avait besoin de l'armée pour accomplir ses desseins : son premier soin ayant été de rétablir le suffrage universel par l'abrogation de la loi du 30 mai, il devait bien se garder de le mutiler au détriment de la force armée sur laquelle il comptait s'appuyer.

Les droits politiques des militaires sous les drapeaux se trouvaient donc reconnus en théorie et en pratique : le futur empereur demandait à l'armée à la fois l'appui de ses baïonnettes et celui de ses bulletins de vote.

× ×

La nouvelle Constitution fut promulguée le 14 janvier 1852, mais ne fut pas soumise à la ratification populaire.

Le prince s'exprimait en ces termes en tête de la nouvelle Constitution : « Français, la Constitution actuelle proclame que le chef que vous avez élu est responsable devant vous, qu'il a toujours le droit de faire appel à votre jugement souverain, afin que, dans les circonstances solennelles, vous puissiez lui continuer ou lui retirer votre confiance. » Et plus loin : « Le Sénat peut, de concert avec le gouvernement, modifier tout ce qui n'est pas fondamental dans la Constitution ; mais, quant aux modifications à apporter aux bases premières sanctionnées par votre suffrage, elles ne peuvent devenir définitives qu'après avoir reçu votre ratification. »

Ainsi le peuple restait toujours le maître de sa forme constitutionnelle. Rien ne peut y être changé contre sa volonté. Le plébiscite constitutionnel est maintenu : aucune distinction n'est faite entre les civils et les militaires.

× ×

Le plébiscite des 21 et 22 novembre 1852 rétablit en France la dignité impériale. Un sénatus-consulte du 14 janvier 1852 interpréta et modifia la Constitution. Pour les modifications suivantes de la Constitution, modifications parfois très profondes, on eut recours simplement à une série de sénatus-consultes ou même simplement de décrets, en négligeant la consultation populaire. Seule la modification introduite par le sénatus-consulte du 20 avril 1870 fut intégralement soumise à la ratification du peuple auquel le projet plébiscitaire demandait aussi d'approuver « les réformes libérales opérées dans la Constitution depuis 1860 avec le concours des grands corps d'Etat ». Elle devint la Constitution du 21 mai 1870.

La loi du 31 mai 1850 avait marqué, au point de vue de l'exercice de leurs droits politiques pour les militaires, un progrès marqué sur la loi du 15 mars 1849, une de ses plus heureuses conséquences étant d'empêcher le recensement à part des votes émis par les hommes sous les drapeaux.

Les articles 6 et 12 consacrés à cette question posaient les principes suivants : les militaires présents sous les drapeaux, dans les armées de terre ou de mer, seront inscrits sur la liste électorale de la commune où ils auront satisfait à l'appel ; ils continueront à être répartis dans chaque garnison en sections électorales par département ; enfin, leurs bulletins seront recueillis et envoyés au chef-lieu du département dans un paquet cacheté, et mélangés dans les diverses sections de ce chef-lieu aux bulletins des électeurs locaux : dorénavant, il devenait impossible au gouvernement de connaître l'opinion politique de l'armée.

Dans la nuit du 2 décembre 1851, une proclamation de Louis Bonaparte était affichée partout, annonçant au peuple français le coup d'Etat qui venait de s'accomplir. Le premier soin du nouveau chef du gouvernement fut de s'attacher la force armée. Dénaturant les faits, il accusa la république de 1848 d'avoir traité les soldats en vaincus, tout comme la monarchie de juillet. Lui, du moins, saurait leur manifester sa reconnaissance !

Le décret du 2 février 1852 organisa le nouveau système électoral. L'article 14 spécifiait que les militaires en activité de service et les hommes retenus pour le service des ports et de la flotte, en vertu de leur immatriculation sur le rôle de l'inscription maritime, seraient portés sur les listes des communes où ils étaient domiciliés avant leur départ ; mais ils ne pourraient prendre part aux élections en vue du Corps législatif que s'ils se trouvaient, au moment de l'élection, dans la commune où ils étaient inscrits.

Une circulaire adressée le 7 février suivant,

par le ministre de l'intérieur, aux préfets des départements, rappelait que le domicile électoral des militaires était le domicile légal du recrutement défini par l'article 6 de la loi du 21 mars 1832.

Enfin, le décret du 21 février 1852, renouvelant les dispositions prises par les gouvernements de la Révolution et de la Restauration, interdisait l'entrée des collèges électoraux à tout électeur en armes.

Aucune disposition légale ne traitait de l'éligibilité des militaires sous les drapeaux.

Le 11 novembre 1852, l'armée prend part au plébiscite rétablissant l'Empire ; ce devait être, jusqu'au 8 mai 1870, la dernière manifestation électorale collective.

Le décret du 2 février 1852 lui avait, en effet, retiré l'exercice des droits politiques que la constitution lui avait accordé. Maintenu pour les plébiscites, le droit de vote était pratiquement retiré à l'armée pour les élections au Corps législatif : pour empêcher les militaires de participer à une élection quelconque, il suffisait de ne point leur accorder de permission.

Il serait erroné de croire cependant que l'armée se désintéressait entièrement de la vie politique du pays. On relèverait, par exemple, dans les listes des conseillers généraux de cette époque, un grand nombre d'officiers de tous grades. Le Sénat lui-même comptait parmi ses membres un certain nombre de généraux ; et peu à peu, sous la pression de l'opinion publique, on avait vu le gouvernement impérial revenir à une plus exacte observation des principes du régime parlementaire, et accorder à la haute assemblée des pouvoirs politiques moins mesurés.

Le 8 mai 1870, Napoléon III demanda de nouveau au pays l'acceptation du régime libéral qu'il allait inaugurer. Celui-ci lui répondit par 7.016.227 *oui* contre 1.495.144 *non* et 1.813.489 *abstentions*. Le vote de l'armée avait donné 249.492 *oui* contre 40.181 *non* ; celui de la marine, 23.759 *oui* contre 5.874 *non*. Ces chiffres sont par eux-mêmes suffisamment significatifs et montrent que, malgré la pression énorme qui fut exercée sur les électeurs militaires, ceux-ci conservèrent cependant assez d'indépendance pour donner ainsi une proportion de *non*, par rapport aux *oui*, beaucoup plus considérable dans la marine et légèrement plus forte dans l'armée de terre que dans l'ensemble des électeurs civils.

— —

Ce système électoral prit fin avec l'Empire, le 4 septembre 1870.

Pendant tout le régime impérial, la suppression pratique du droit de vote n'avait atteint ni les gendarmes, ni les gardes forestiers, ni la garde de Paris.

XI

LE GOUVERNEMENT DE LA DÉFENSE NATIONALE

L'invasion de la France par les armées allemandes, les désastres de Metz et de Sedan amenèrent la chute de l'Empire ; le 4 septembre 1870, la République était proclamée pour la troisième fois en France.

Après le mouvement révolutionnaire du 31 octobre à Paris, le gouvernement de la Défense nationale décida de demander au peuple, par un plébiscite, l'approbation de sa politique. Les circonstances exceptionnelles dans lesquelles s'effectuait cette consultation de la population parisienne donnaient à ce referendum une gravité particulière. La Commune se soulevait : un mouvement d'hostilité se manifestait contre les maires et adjoints qui ne tenaient pas leurs fonctions du suffrage populaire.

Le jeune gouvernement, considérant le suffrage universel comme un principe fondamental du droit public, ne voulut pas paraître moins libéral que l'empereur, et ne fit aucune distinc-

tion entre la population de sa capitale et ses
défenseurs.

× ×

Un décret du 1ᵉʳ novembre 1870 invita la population de Paris à se prononcer, le 3 novembre,
par son vote, pour ou contre le gouvernement
de la Défense nationale et à procéder, le 5, à
l'élection des maires et adjoints. Le 2 novembre,
une proclamation du gouvernement expliquait
le sens d'un pareil vote, que celui-ci se refusait
à considérer comme un retour à la Commune.
Il ajoutait : « Dans la situation actuelle, il ne
saurait être fait de distinction d'aucune sorte
entre les défenseurs de Paris. Il est donc bien
entendu que la garde nationale mobile et l'armée
de terre et de mer voteront comme tous les
citoyens. L'intérêt de la défense exige naturellement qu'elles votent dans les lieux qui leur
seront désignés par l'autorité militaire. »
Jamais, même en 1848, le suffrage universel
n'avait été étendu aussi loin. En effet, lors de
la discussion de la loi électorale, en mars 1849,
l'Assemblée nationale avait repoussé à une forte
majorité le droit de vote pour les militaires en

campagne ; c'est en vain qu'à cette époque les
défenseurs de cette motion avaient fait valoir
l'injustice de restreindre les droits reconnus à
l'armée au moment où celle-ci était appelée à
donner à ses devoirs toute leur étendue ; on fit
ressortir, non sans raison, l'intérêt supérieur de
la discipline, les difficultés matérielles de tout
ordre, enfin et surtout le péril que pourrait faire
courir à la Constitution le prestige d'un général
victorieux sur le nom duquel se porteraient
vraisemblablement, dans un pareil cas, les suffrages de tous ses soldats.

× ×

Cette mesure d'exception décidée par le gouvernement de la Défense nationale, dans un
moment particulièrement critique, demande
une explication, car il est hors de doute que
l'application d'une pareille disposition présenterait, à tout autre moment, de sérieux inconvénients et même un grave danger.

Le gouvernement avait, à cette époque, le plus
pressant besoin de se sentir appuyé par les voix
de la garde nationale. La journée du 31 octobre,
dans laquelle les membres du gouvernement de

la Défense nationale, le général Trochu, Emmanuel Arago, Jules Ferry, Garnier-Pagès et Jules Favre, avaient été retenus prisonniers à l'hôtel de ville, avait été mauvaise pour lui. Il fallait que, en face du péril extérieur et intérieur, il se sentît soutenu par l'opinion publique. Le résultat fut conforme à ces prévisions. Il obtint 275.224 *oui* contre 19.383 *non*.

Ces chiffres expliquent mais ne justifient pas, nous insistons sur ce fait, les dispositions du gouvernement : distraire une armée assiégée de ses devoirs militaires pour la mêler aux querelles politiques sera toujours un parti dangereux, et qui pourrait rapporter au gouvernement qui l'emploierait de nouveau, plus de déboires que de satisfaction.

Néanmoins, le gouvernement de la Défense nationale se déclara très satisfait des résultats de la consultation populaire. Faisant allusion au poste périlleux que lui avait assigné la révolution du 4 septembre, il ajoutait, dans sa proclamation, rédigée après le scrutin : « Nous y restons avec la force qui vient de vous, avec le sentiment des grands devoirs que votre confiance nous impose. »

Après la capitulation de Paris, le gouvernement de la Défense nationale, par un décret du
29 janvier 1871, convoqua les collèges électoraux
en vue des élections à une Assemblée nationale.

XII

LA TROISIÈME RÉPUBLIQUE

La révolution du 4 septembre avait laissé la France sans Constitution. En fait, le gouvernement de la Défense nationale avait proclamé la République; le pays avait tacitement accepté, mais aucune autorité constituante n'avait encore pu donner une consécration définitive à cette nouvelle forme d'Etat, lorsque au lendemain de la capitulation de Paris, il devint nécessaire de convoquer les électeurs afin de procéder à la constitution d'une Assemblée, chargée d'abord de faire la paix, puis de rétablir l'ordre et la prospérité dans le pays, et enfin de lui donner les lois constitutionnelles nécessaires.

× ×

Le décret du 29 janvier 1871 avait fixé les élections au dimanche 5 février dans le département de la Seine, au mercredi 8 février dans les autres départements.

L'élection devait avoir lieu par département,

au scrutin de liste et conformément à la loi du 15 mars 1849. Le nombre des députés était fixé à 753. Les conditions d'éligibilité étaient les mêmes qu'en 1849. Étaient électeurs tous les citoyens régulièrement inscrits sur les listes électorales au moment du vote ou dont les réclamations auraient été admises avant la clôture des réclamations.

Le décret de la Délégation du gouvernement de la Défense nationale en province, convoquant les électeurs pour le 8 février, porte la date du 31 janvier. Étaient électeurs de droit tous les citoyens français âgés de 21 ans, inscrits sur les listes électorales et additionnelles ; étaient éligibles, tous les citoyens français âgés de 25 ans.

L'article 9 du décret du 29 janvier réglait la question du vote des militaires : « Les militaires présents sous les drapeaux voteront pour l'élection des députés du département où ils sont inscrits comme électeurs. Les six premiers paragraphes de l'article 62 de la loi du 15 mars 1849 seront observés. Pour les militaires en campagne ou faisant partie de la garnison d'une place en état de défense, le vote aura lieu conformément aux dispositions prises par le chef du corps ou le commandant de place. »

L'article 18 du décret de la Délégation édictait des dispositions analogues : « L'article 62 de la loi du 15 mars 1849 est applicable aux armées en campagne. Sous les drapeaux, dans les armées ou dans les camps, les soldats, les mobiles, les mobilisés, les marins, tous ont le droit de voter et l'exercent dans les termes de cet article. »

Le 31 janvier 1871, le ministre de la guerre à Paris rédigea une instruction relative au vote des militaires dans la capitale. « Il est formé, décide-t-il, dans l'enceinte de la capitale, autant de sections électorales qu'il y a de départements. Cette mesure ne souffre d'exceptions que pour les départements qui ne seraient pas représentés à Paris par au moins cinq électeurs militaires. Pour ces départements, les électeurs militaires remettent leurs bulletins de vote cachetés au commandant de la place de Paris, qui les transmet au ministre de la guerre avec un bordereau spécifiant à quel département ces bulletins se rapportent. »

× ×

En somme, on revenait au système de 1848, mais en accentuant encore le libéralisme de cette époque. Il est bon de rappeler aussi qu'en 1871 la

France n'avait plus « une armée »; mais la nation presque tout entière se trouvait sous les armes. Pour la deuxième fois en trois mois, les troupes en campagne se trouvaient appelées à prendre part à une consultation électorale. L'instruction ministérielle prévoyait même que, dans les départements occupés par les armées allemandes, à raison des obstacles amenés par la guerre, les votes seraient valables partout, quel que fût le nombre des votants. Il est incontestable que, dans les conditions spéciales qui nous occupent, et quel que soit le danger d'un pareil précédent, il était préférable de laisser le droit de vote aux citoyens sous les drapeaux que de réserver aux impotents, aux vieillards et aux infirmes le soin de décider sur le sort du pays. A vrai dire, l'armée régulière était presque toute internée en Allemagne; la garde nationale, la garde mobile et les mobilisés furent à peu près les seuls militaires à prendre part aux élections.

× ×

Il eût été certes plus digne que l'armée, ou du moins ses chefs les plus autorisés, se fussent contentés, à cette époque, de leur tâche militaire.

Certains le comprirent, et le général Ducrot, par exemple, écrivant au préfet de la Nièvre le 30 janvier 1871 pour décliner toute candidature dans ce département, ajoutait : « Depuis le premier jour de la lutte jusqu'au dernier, j'ai rempli avec quelque honneur et avec un dévouement absolu mon rôle de soldat; au moment où il est terminé, je ne saurais en accepter un autre. J'ai encore trop de rage et de désespoir dans le cœur pour remplir le mandat de député avec la sagesse, la modération et, il faut bien le dire, la résignation qu'exigent les circonstances présentes. *En un mot, je suis encore trop soldat pour devenir tout à coup homme politique.* Dites donc à mes chers compatriotes de me tenir complètement en dehors de la lutte électorale. »

Cette prière ne fut pas écoutée : le général Ducrot fut élu et, avec lui, un grand nombre d'officiers de tous grades. Parmi ceux-ci, nous citerons seulement les généraux Changarnier, Martin. des Pallières, d'Aurelle de Paladines, Chabaud-Latour, Chabron, Le Flô, Faidherbe, Ducrot, Frébault, Billot, de Ligny, Trochu, Dutemple, Chanzy, Pélissier, Loizel, Deligny, Mazure, etc.; les amiraux La Roncière le Noury, Dompierre d'Hornoy, de Montaignac, Saisset,

Pothuau, Jauréguiberry, Fourichon ; les colonels
Charreton, de Chadols, Carron, Langlois, etc. ;
on peut encore relever les noms de Farcy, lieutenant de vaisseau ; Fly Sainte-Marie, chef d'esca-
dron d'artillerie ; Chaper, capitaine du génie, etc.
Ces exemples suffisent pour faire comprendre que le corps électoral, bien loin de tenir en
suspicion l'élément militaire de la nation, lui
avait au contraire manifesté par son vote une
confiance significative.

× ×

Par suite de la pluralité d'élections de certains
candidats (le général Trochu, par exemple, avait
été élu par neuf départements ; les généraux Changarnier et d'Aurelle de Paladines et plusieurs autres avaient eux aussi été élus dans plusieurs départements), le scrutin du 8 février avait envoyé
à Bordeaux 630 représentants seulement. Des
élections complémentaires eurent lieu le 2 juillet
1874 pour nommer 111 députés restant à élire.
Cette fois encore, des officiers de tous grades furent envoyés à l'Assemblée qui siégeait maintenant à Versailles. Parmi eux, il suffit de rappeler
Denfert-Rochereau, le glorieux défenseur de Belfort, élu dans l'Isère, la Charente et le Doubs ;

les généraux Robert, de Cissey, Guillemaut, Dubois-Fresnay. Dans le Tarn, l'amiral Jaurès était élu par 44.590 voix (dont 521 voix militaires) contre le général de Sonis qui n'obtenait que 22.532 voix (dont 124 militaires) seulement.

Le général Charreton ayant été nommé rapporteur de l'élection du colonel Denfert, élu dans l'Isère par 81.021 voix contre 26.444 au général Vinoy, disait à la tribune de l'Assemblée : « Bien qu'il (le colonel Denfert) n'ait pas produit d'acte de naissance, il est certain qu'il remplit les conditions exigées. Quant à sa nationalité, elle est inscrite sur les remparts de Belfort. »

× ×

Il semblait peu probable qu'une Assemblée, comptant parmi ses membres un nombre aussi considérable de militaires de tous grades et de toutes armes, d'un talent et d'un patriotisme éprouvés, dût jamais être appelée à prendre contre les militaires des mesures d'exception concernant les droits politiques de ceux-ci.

Effectivement, la première loi constitutionnelle votée par l'Assemblée, celle du 10 août 1871, réglant l'organisation des assemblées départementales, ne contenait encore aucune disposition tendant à exclure les militaires de la participation aux élections du conseil général. Seuls les généraux commandant les divisions ou les subdivisions territoriales étaient frappés d'inéligibilité dans le territoire soumis à leur juridiction. Un officier élu en violation de cette disposition législative devait être déclaré démissionnaire par le conseil général.

× ×

Mais l'Assemblée allait se trouver devant une institution nouvelle : le service obligatoire entraînait avec lui la suppression des armées de métier et la création d'une armée nationale. Quelle situation politique donner dans cette organisation aux militaires sous les drapeaux? C'est ici qu'il convient de rappeler ce jugement de l'Assemblée qu'un éminent historien lui appliquait dans une autre circonstance, d'après un membre même de la majorité : « La Chambre est usée. Incapable de décision, de volonté, elle aurait honnêtement marché dans une voie toute tracée : frayer son chemin, le connaître surtout, c'est trop difficile pour elle. Elle hésite, elle avance, elle recule... »

La question de l'admission aux scrutins politiques des militaires sous les drapeaux allait faire l'objet de fréquentes discussions et de propositions variées au cours des travaux parlementaires de la troisième République. C'est au moment de la discussion de la première loi de recrutement votée après la guerre de 1870-1871 qu'elle se trouve posée pour la première fois sous une nouvelle forme.

Le premier devoir de l'Assemblée nationale, après la signature de la paix, était la réorganisation de l'armée; la loi militaire qui allait être adoptée par la Chambre aurait non seulement une portée militaire, mais aussi une portée politique. Le passage à la discussion des articles de la nouvelle loi de recrutement eut lieu le 31 mai 1872. Le général Billot définit lui-même, à la tribune de l'Assemblée, les conditions dans lesquelles elle avait été élaborée : « Depuis un an que votre commission de l'armée est réunie, pas un mot de politique n'est intervenu dans nos débats. Siégeant les uns et les autres sur des bancs différents de cette Assemblée, nous avons été unanimes pour refaire une armée, et cette armée, c'est l'armée de la France. Je suis heureux d'ajouter que j'espère que ce sera l'armée de la France républicaine. »

Par l'introduction du service personnel en France, l'armée nationale allait succéder à l'armée de métier des régimes antérieurs. Allait-on, dans ces conditions, maintenir aux citoyens-soldats tous leurs droits politiques et, en particulier, leurs droits électoraux ?

La première proposition de loi sur le recrutement avait été déposée le 12 avril 1871 par le marquis de Mornay ; il n'y était nullement question du vote des militaires, pas plus que dans le rapport déposé le 25 avril 1871 par le comte de Melun, et le 6 mai 1871 par le comte de Bastard.

Le 21 avril, le général Martin des Pallières dépose un projet de loi dans lequel lui non plus n'aborde pas ce point délicat.

Le général Charreton dépose, à son tour, une nouvelle proposition le 17 août 1871 ; dans l'exposé des motifs de son projet, il signale comme un danger politique et social le vote des citoyens armés : son exercice entraînant celui du droit de réunion, il n'y a plus de discipline possible. Il rappelle même qu'en 1870 la Prusse put, par le plébiscite, connaître les effectifs de l'armée.

Le 16 octobre 1871 enfin, le capitaine Farcy

apporte, dans une proposition de loi relative au recrutement, une thèse nouvelle des droits politiques des militaires. Refusant à l'Etat le droit d'enlever aux individus le droit de penser, de parler et d'agir en dehors de la consigne, voyant dans un pareil système le danger de préparer l'armée à se transformer du jour au lendemain en une garde prétorienne, il demande que tous les soldats aient le droit de vote, *mais seulement après deux ans de présence sous les drapeaux.*

Une commission de trente membres fut nommée pour examiner toutes les propositions. M. Chasseloup-Laubat déposait son rapport le 6 avril 1872; il concluait nettement contre le droit de vote des militaires.

La rédaction primitive de l'article 5 : « Les hommes sous les drapeaux ne prennent part à aucun vote », avait été modifiée, et c'est le texte suivant qui fut soumis à la discussion de l'Assemblée : « Les hommes présents au corps ne prennent part à aucun vote. »

× ×

La décision de la commission était ainsi commentée par son rapporteur : « Laissons donc l'armée à sa pure et belle mission : que les hommes qui la composent ne s'occupent que de se perfectionner dans leur art et dans leur métier; ne lui donnons pas un rôle politique... Elle appartient au pays tout entier. C'est en cela qu'elle est grande ; ne la rapetissons pas à la taille des partis. »

Milhaud, M. Farcy, le colonel Denfert-Rochereau déposèrent un amendement tendant à la suppression pure et simple de l'article 5 du projet de la commission.

Cet amendement fut défendu à la tribune, d'ailleurs sans aucune éloquence et au milieu des interruptions répétées de la droite, par Edouard Millaud. Le rapporteur d'abord, le général de Cissey, ministre de la guerre, ensuite, défendirent la proposition en se plaçant uniquement au point de vue de la discipline. Le général de Cissey conclut : « Le soldat sous les armes n'est que le soldat de la loi ; il doit rester étranger à tous les partis et à toutes les luttes politiques ; il doit être la force au service de la loi. »

× ×

C'est en vain que M. Rouvier demanda l'ajournement de cette discussion jusqu'au vote de la prochaine loi électorale, où une pareille disposition aurait mieux été à sa place. Par 628 voix contre 35, l'article 5 fut adopté. Pour la première fois, depuis 1789, l'armée se trouvait exclue de la vie politique de la nation.

Avaient voté pour l'article 5, toute la droite et quelques voix de gauche, parmi lesquelles celle de Gambetta. Avaient voté contre, la majorité de la gauche, parmi lesquelles on peut citer Henri Brisson, Challemel-Lacour, de Mahy, Edgar Quinet, etc.

Mais la question d'éligibilité des militaires allait soulever une nouvelle discussion plus ardente et non moins intéressante.

Un paragraphe additionnel à l'article 5 fut présenté par Raoul Duval et trente-huit de ses collègues, portant : « Les militaires en activité de service ne sont point éligibles. Cette inéligibilité cesse trois mois après qu'ils ont cessé d'appartenir à l'armée. » Cette disposition ne fut pas adoptée par l'Assemblée, mais seulement renvoyée, après une très vive discussion, à l'époque où serait discutée la loi électorale. Il est intéressant de rappeler les arguments apportés, à ce moment, pour ou contre la thèse des auteurs de l'amendement.

Raoul Duval développa longuement les motifs qui avaient dicté à ses collègues et à lui-même le projet de résolution. Il se défendit tout d'abord d'être guidé par un intérêt politique, mais invoqua uniquement l'intérêt supérieur de la discipline. « Soumis, disait-il, aux ordres du ministre de la guerre, pouvant être envoyés instantanément d'un bout du territoire à l'autre, à passer suivant les hasards de la politique de la vie de l'homme de paix à celle de l'homme de guerre, ces militaires ne doivent pas pouvoir être investis de mandats politiques. Cela est bien plus incompatible encore avec la discipline militaire que ne l'était le droit autrefois conféré au soldat, de rester à son corps. »

L'orateur considérait ensuite la possibilité d'une lutte électorale s'engageant entre deux militaires de grades différents. Comment empêcher, sinon ceux-ci, du moins leurs amis, de se jeter à la tête des récriminations, des pamphlets, et même des injures? N'était-il pas à prévoir des cas où un militaire, soldat ou général, qui aurait été puni, et justement puni, pour un acte d'insubordination ou d'indiscipline, en serait récompensé par des électeurs qui l'enverraient en face de celui-là même qui l'aurait puni?

Enfin, en supposant le militaire élu, Raoul Duval voyait dans le travail parlementaire des difficultés de tous ordres à la présence dans une assemblée délibérante de militaires de grades différents. « Dans les luttes souvent ardentes de la tribune, ajoutait-il, l'inférieur cherchera à démontrer, à la face du pays, que son supérieur est moins éclairé et moins intelligent que lui sur telle ou telle question et, cependant, il faudra que le lendemain il lui obéisse ! »

Après avoir montré la possibilité de discussions à la tribune de questions souvent délicates à traiter pour des militaires, l'orateur concluait en présentant son amendement comme le vœu de l'armée elle-même : « Soyez certains, ajoutait-il, que, à toutes les époques et quoi qu'il arrive, soldats et officiers estimeront toujours bien au-dessus d'un général royaliste ou d'un général républicain, celui qui sera un général français. L'amendement que nous proposons, c'est pour les militaires le droit commun avec les fonctionnaires, avec cette différence que la plupart de ceux que la loi actuelle déclare inéligibles sont obligés de se démettre, six moix avant l'élection, des fonctions qu'ils exercent. »

L'amendement fut combattu vigoureusement

par Jules de Lasteyrie. Celui-ci fit valoir que la discussion viendrait plus utilement lors de la loi électorale. La commission était d'ailleurs opposée à cette disposition : en effet, elle comptait dans ses membres dix-neuf militaires de tous grades, et, ajoutait l'orateur, « c'est au milieu du travail dû aux officiers qui appartiennent à cette Assemblée que vous v'endriez dire que les officiers ne doivent pas en faire partie! » Enfin, où s'arrêterait cette inéligibilité? aux conseils généraux? municipaux? d'arrondissement?

Le rapporteur de la commission intervint dans l emême sens que de Lasteyrie, manifestant par ses arguments qu'il était personnellement favorable au maintien de l'éligibilité pour les militaires.

On passa au scrutin. L'amendement Raoul Duval fut rejeté par 101 voix contre 408. Avaient voté pour : la droite, l'extrême droite et un très petit nombre de militaires de l'Assemblée, parmi lesquels le général Ducrot; contre, le centre et la gauche et la plupart des officiers. Il faut signaler en outre le nombre considérable des abstentions, presque toutes de la droite. Certains généraux s'étaient également abstenus.

La conséquence de la loi du 31 mai 1872 était

de refuser aux militaires sous les drapeaux le droit de prendre part comme électeurs aux élections politiques, mais de leur maintenir le droit à l'éligibilité. C'était une situation analogue à celle de l'Allemagne aujourd'hui.

× ×

La question allait venir de nouveau en discussion au moment du vote des lois électorales.

La commission spéciale chargée d'examiner les lois constitutionnelles porte devant l'histoire le nom de « Commission des Trente ». C'est elle qui, sous la présidence de M. Batbie, étudia et rapporta le projet de loi électorale déposé par Thiers et Dufaure. Le texte de l'article 2 du projet était conforme au principe voté avec l'article 5 de la loi de 1872. Il était ainsi rédigé : « Les militaires et assimilés de tous grades et de toutes armes des armées de terre et de mer ne prennent part à aucun vote quand ils sont présents à leur corps, à leur poste, ou dans l'exercice de leurs fonctions. Ceux qui, au moment de l'élection, se trouvent en résidence libre, en non-activité, ou en possession d'un congé régulier, peuvent voter dans la commune sur les listes de laquelle ils sont régulièrement inscrits. Cette dernière disposition s'applique également aux officiers et assimilés qui sont en disponibilité ou dans le cadre de réserve. »

De la discussion de cette proposition, qui, par le fait, n'apportait rien de nouveau depuis le vote de l'article de la loi de recrutement, il y a lieu de faire ressortir, tout de suite, l'argument dominant employé par les défenseurs de ce principe : nous en choisirons la meilleure expression dans le discours prononcé par Gambetta, le 5 juin 1874 : « La loi militaire avait fort sagement dit qu'il fallait empêcher, au foyer de la famille militaire, les dissentiments politiques... J'ai voté avec vous cette disposition tutélaire de la paix sociale. (Très bien ! Très bien ! à droite). Mais qu'avons-nous dit ce jour-là? Qu'ont dit nos orateurs les plus autorisés? Qu'a dit, entre autres, le regretté M. de Chasseloup-Laubat? Il a dit : « Nous ne » portons pas la main sur le droit de ce Fran- » çais. » Permettez-moi de dire ce double Français, à la fois Français et soldat. Non, ce n'est pas son droit que nous menaçons; ce n'est pas ce titre qui le distingue au milieu de la société qui l'empêche, lui aussi, quoique sujet avant tout à l'obéissance passive, d'exercer ce droit. On attend qu'il soit dans sa commune, au milieu des siens, loin des faisceaux, pour qu'il puisse, avec sécurité, exercer ce droit. Mais, au moment où, au nom d'un intérêt supérieur, on restreignait l'exercice de ce droit, on le saluait, on lui donnait sa véritable consécration. Et croyez que l'armée l'acceptait ainsi, et qu'elle n'entendait pas être exclue de la société des citoyens français parce que vous lui avez imposé cette tutelle légitime et nécessaire. »

Dans l'esprit de Gambetta, il n'y a donc pas de doute : le droit électoral est *suspendu* pour le militaire sous les drapeaux, et non supprimé. Le jour où celui-ci rentre dans ses foyers, il retrouve le plein exercice de tous ses droits politiques. Mais est-il possible de dire qu'un droit qui, pour certains, se trouve suspendu pendant une période d'existence pouvant varier entre *trente* et *quarante-sept années*, n'est pas en réalité supprimé? L'orateur visait évidemment, dans sa démonstration, le militaire de passage sous les drapeaux, le *soldat*. Mais il aurait été intéressant de connaître son opinion au sujet des droits politiques des militaires de carrière. Il est curieux de constater (et il est bon d'insister sur ce fait) que partisans et adversaires de ce principe n'ont jamais considéré, dans leur raisonnement, que le soldat (c'était d'ailleurs l'argument invoqué par les députés de la droite pour faire partir de 25 ans l'âge électoral). Personne n'a parlé de l'officier, pour lequel le droit politique est, en fait, complètement supprimé et qui, très souvent, mourra sans avoir une seule fois participé à un scrutin politique. Bien des arguments invoqués auraient perdu de leur force dans ce côté de la question.

Quoi qu'il en soit, le siège de l'Assemblée était fait : une énergique et éloquente intervention de Louis Blanc ne pouvait amener de changement. La Commission d'une part, l'Assemblée de l'autre se trouvaient, en effet, liées par le vote de 1872. R. Goblet disait à la tribune, le 11 juin 1874 : « Lors de la discussion de la loi militaire, on nous disait : « Vous pouvez voter la suspension « de l'exercice du droit électoral pour les jeunes « citoyens qui se trouveront sous les drapeaux. « Cela ne préjuge rien. » Et moi aussi, messieurs, j'ai voté cet article de loi militaire par souci de la discipline. » Mais, en 1874, on n'en invoque pas moins, dans la discussion, la force du vote acquis.

La Commission des Trente donna sa démission

le 28 mai 1875 et fut remplacée par une nouvelle commission dont M. de Marcère fut élu président. L'article 2 de la nouvelle loi électorale fut voté sans discussion ; il était conforme à celui déposé en 1874. La loi du 30 novembre 1875 enlevait définitivement à tous les militaires sous les drapeaux le droit de prendre part aux élections en qualité d'électeurs, mais seulement en ce qui concerne la Chambre des députés.

Une question tout aussi importante, et qui, au premier abord, semble intimement liée à la précédente, est celle de l'éligibilité. Il serait, en effet, logique que l'une dépende de l'autre. Il est loin d'en être ainsi d'ailleurs dans bien des nations étrangères. En Allemagne, l'officier n'est pas électeur, mais il est éligible ; en Russie, il est électeur (par procuration) à la Douma, mais n'est pas éligible ; en Italie, le capitaine, le lieutenant votent, mais ne sont pas éligibles, etc., etc.

La Commission des Trente avait adopté une solution intermédiaire. L'article 7 du projet adopté par elle était ainsi rédigé : « Les maréchaux et les amiraux, les officiers généraux des armées de terre et de mer et les assimilés en activité de service, les militaires en retraite ou en réforme, les officiers généraux placés dans le cadre de réserve et les soldats, sous-officiers et officiers de la réserve de l'armée active seront éligibles aux conditions fixées par la présente loi. L'éligibilité est suspendue à l'égard des autres militaires assimilés de tout grade qui sont liés au service de l'armée active de terre ou de mer. Les bulletins portant le nom d'un militaire inéligible sont déclarés nuls, et ne comptent pas dans le dépouillement : ils sont joints au procès-verbal. »

Ainsi se trouvait frappés d'inéligibilité tous les militaires sous les drapeaux, à l'exception des maréchaux, amiraux et officiers généraux.

Le nouveau texte déposé par la 2ᵉ commission ne mentionne plus cette exception ; l'article 7, tel qu'il fut voté, est ainsi rédigé : « Aucun militaire ou marin faisant partie des armées actives de terre ou de mer ne pourra, quels que soient son grade et ses fonctions, être élu *membre de la Chambre des députés.* Cette disposition s'applique aux militaires ou marins en disponibilité ou non-activité, mais elle ne s'étend ni aux officiers placés dans la deuxième section du cadre de l'état-major général, ni à ceux qui, maintenus dans la 1re section comme ayant commandé en chef devant l'ennemi, ont cessé d'être employés activement, ni aux officiers qui, ayant des droits acquis à la retraite, sont envoyés ou maintenus dans leurs foyers en attendant la liquidation de leur pension. La décision par laquelle l'officier aura été admis à faire valoir ses droits à la retraite deviendra dans ce cas irrévocable. La disposition contenue dans le paragraphe du présent article ne s'applique pas à la réserve de l'armée active ni à l'armée territoriale. »

Le général Billot fit remarquer aux membres de la commission et au ministre de la guerre, l'injustice et l'erreur qui seraient commises, en enlevant l'éligibilité aux officiers généraux. Pour quelle raison valable écarterait-on ainsi des hommes comme Canrobert, Baraguey-d'Hilliers, etc ? Le général de Cissey lui objecta que la place de ceux-ci était plutôt au Sénat qu'à la Chambre des députés, et c'est pour cette raison que l'article 7 fut adopté tel qu'il était rédigé dans le second projet.

Il faut remarquer à ce sujet qu'aucun des motifs précédemment invoqués contre le vote des militaires ne peut s'appliquer aux officiers généraux, dans les mêmes conditions que pour ceux qui sont maintenus sans limite d'âge ; il ne s'agit plus, ici, d'une *suspension* de droit, mais d'une *exclusion* permanente. Les raisons de discipline si souvent exposées par les promoteurs de ces dispositions, les dangers de voir l'inférieur en face du supérieur, les craintes de pression, etc., disparaissent lorsqu'il ne s'agit plus que de gens qui, comme le faisait justement remarquer le général Billot, n'ont plus pour unique supérieur que le ministre de la guerre.

Mais l'Assemblée nationale était animée, sur cette question, d'un parti pris évident ; malgré les éminents services rendus par les militaires qui comptaient parmi ses membres, elle ne voulait plus tolérer leur présence à l'avenir dans une Assemblée parlementaire. La loi du 30 novembre 1875 enleva aux militaires le droit à l'éligibilité de la Chambre des députés, comme elle leur avait enlevé le droit électoral.

× ×

Cette mesure n'aurait pas suffi pour priver les militaires de la totalité de leurs droits politiques.

En effet, d'une part la loi du 18 août 1871 avait, nous l'avons vu, admis les militaires, tout comme les autres citoyens, à prendre part comme électeurs et comme éligibles aux élections aux conseils généraux.

D'autre part, la loi du 22 juin 1873, qui réglait la composition des conseils d'arrondissement, avait maintenu les militaires dans le droit commun en renvoyant pour les conditions d'éligibilité au décret du 3 juillet 1848 qui ne mentionne pas de cas d'incompatibilité.

Enfin les lois municipales de 1874 avaient également conservé aux militaires sous les drapeaux l'électorat et l'éligibilité pour les conseils municipaux.

Ces droits, que les lois constitutionnelles avaient ainsi maintenus aux militaires en ce qui concerne les assemblées locales et départementales, elles les leur avait également conservés au Sénat.

La loi du 24 février 1875 est consacrée à l'organisation de cette Assemblée ; ce fut une de celles dont l'élaboration fut le plus difficile et le plus pénible.

Le premier projet concernant la seconde Chambre fut déposé par M. Thiers le 13 mars 1873 : il entraîna la chute de son auteur. Le 15 mai 1874 un nouveau projet fut porté devant l'Assemblée par M. de Broglie.

Ces deux projets, d'ailleurs très différents, se ressemblaient cependant dans le traitement qu'ils faisaient aux militaires. Avec l'un comme avec l'autre, ceux-ci avaient un traitement spécial, mais ni l'un ni l'autre ne les excluaient entièrement de la Haute-Assemblée.

Dans le projet de M. de Broglie, maréchaux et amiraux étaient membres de droit : les électeurs au Sénat étant choisis parmi les conseillers généraux et d'arrondissement, les militaires se voyaient *ipso facto* électeurs et éligibles comme les autres citoyens.

L'article 3 de la loi du 24 février 1875 est ainsi rédigé : « Nul ne peut être sénateur s'il n'est Français, âgé de 40 ans, et s'il ne jouit de ses droits civils et politiques. » Il n'y pas d'autre règle d'inéligibilité dans cette loi; la seule conséquence au point de vue militaire est de n'admettre au Sénat que des officiers déjà d'un grade élevé. Aucune condition spéciale d'inéligibilité n'avait en outre été fixée pour les nominations de sénateurs inamovibles.

Un amendement, déposé par M. Raoul Duval, visait à étendre aux sénateurs tous les cas d'incompatibilité admis à l'égard des députés. Il fut repoussé et la loi organique du 2 août 1875 vint confirmer les droits concédés ainsi aux militaires en activité, en ordonnant que, comme il était de règle pour les fonctionnaires, les officiers de l'armée active et les intendants et sous-intendants militaires ne pourraient être élus par le département compris dans leur ressort en totalité, ou même seulement en partie.

× ×

C'est dans la plus large mesure que ces décisions furent appliquées aux officiers généraux en activité. Aux élections faites par l'Assemblée nationale en vue de désigner les sénateurs inamovibles, 14 officiers supérieurs ou généraux sur 75 membres furent élus : les amiraux Pothuau, Fourichon, Jaurès et de Montaignac ; les généraux d'Aurelles de Paladine, Billot, Changarnier, Chanzy, de Chabron, Chareton, Frébault, Letellier-Valazé, de Cissey et le colonel de Chadois ; seront élus plus tard comme sénateurs inamovibles, l'amiral Jauréguiberry, les généraux Gresley, Farre, Campenon, Peyron, tous en activité de service au moment de leur élection.

L'armée.

Lors des élections générales, une part non moins large fut réservée aux militaires.

Aux premières élections, en janvier 1876, on relève les noms des amiraux de Kerjégu, de la Roncière le Noury ; des généraux Pourcet, commandant la 36e division d'infanterie; de la Jaille, commandant l'artillerie du 8e corps ; d'Espeuilles, commandant. la 3e brigade de chasseurs à cheval ; Espivent de la Villeboisnet, commandant le 15e corps d'armée, du maréchal Canrobert ; des généraux de Vassoigne, d'Andigné, Loysel, Picard, Boissonnet, Guillemaut, Riffault, Robert, de Ladmirault, gouverneur militaire de Paris, Dubois-Fresnay, etc.

Jusqu'au vote de la loi du 9 décembre 1884 qui apporta des modifications profondes à l'organisation du Sénat, les militaires conservèrent les mêmes droits, et les noms que nous venons de citer témoignent que dans la pratique ils en firent un usage assez large. Faudrait-il voir dans ce fait la raison de leur exclusion ? Il est malaisé de se prononcer à ce sujet.

L'article 4 du projet de loi discuté en novembre 1884 par le Sénat déclarait inéligibles au Sénat les militaires des armées de terre et de mer, à l'exception des maréchaux et amiraux, des officiers généraux maintenus sans limite d'âge dans la première section du cadre de l'état-major et non pourvus de commandement, de ceux placés dans la deuxième section du même cadre, et des militaires de la réserve et de la territoriale.

C'est en vain que le général Pelissier et le colonel Meynadier essayèrent de plaider avec éloquence la cause de leurs camarades, en demandant le maintien du droit d'éligibilité tout au moins aux généraux de division. Le Sénat, à une assez forte majorité, donna raison au général Campenon, ministre de la guerre, qui s'opposa à l'amendement du général Pelissier, invoquant d'ailleurs à l'appui de la thèse du gouvernement des arguments assez médiocres : difficultés d'accorder ces droits aux divisionnaires en les refusant aux généraux de brigade; impossibilité de réserver aux officiers élus toutes les places de disponibilité, etc.

Dans les mêmes conditions, le 5 avril 1884, la loi municipale enleva aux militaires leurs droits électoraux en ce qui concerne les conseils municipaux; la loi du 23 juillet 1891 consacra la mort politique des militaires de tous grades en leur fermant l'accès des conseils généraux et d'arrondissement.

La question du droit de vote des militaires fut discutée de nouveau avec ampleur, à la Chambre le 20 juin 1887, au Sénat le 26 avril 1888 à propos de la loi de recrutement qui fut mise en vigueur le 15 juillet 1889.

L'article 9 était ainsi rédigé : « Les militaires et assimilés de tous grades et de toutes armes des armées de terre et de mer ne prennent part à aucun vote quand ils sont présents à leur corps, à leur poste ou dans l'exercice de leurs fonctions. Ceux qui, au moment de l'élection, se trouvent en résidence libre, en non-activité, ou en possession d'un congé régulier, peuvent voter dans la commune sur les listes de laquelle ils sont régulièrement inscrits. Cette dernière disposition s'applique également aux officiers et assimilés qui sont en disponibilité ou dans le cadre de réserve. »

Un amendement fut déposé par M. Maillard, tendant à accorder aux militaires et assimilés de tous grades et de toutes armes, le droit de prendre part aux élections législatives « conformément aux articles 2 de la loi organique électorale du 15 mars 1849 et 12 de la loi électorale du 31 mai 1850 ». Toutefois, ce droit serait suspendu pour les armées en campagne et pour les marins de la flotte se trouvant en cours de navigation.

A l'appui de sa thèse, l'orateur rappelait le discours prononcé par le général Boulanger, ministre de la guerre, le 4 octobre 1886, à l'occasion de l'inauguration de l'orphelinat Hériot, au village de la Boissière près Rambouillet : « La nation et l'armée, avait dit le ministre, ont enfin compris l'impérieuse nécessité de leur intime solidarité. »

Le défaut de l'argumentation se retrouvait dans l'excès de libéralisme qui lui avait dicté cette motion. Rappelant les paroles de M. Rouvier en 1872 : « Si, à propos de la loi militaire, vous venez retrancher 400.000 électeurs, vous portez atteinte au suffrage universel », M. Maillard demandait le droit de vote pour tous les militaires sans exception ; après avoir fait ressortir l'injustice évidente d'enlever à « 25.000 officiers sortis des rangs ou des écoles... l'honneur de prendre part au scrutin », il généralisait son raisonnement qui perdait alors de sa force, appliqué à l'ensemble des soldats sous les drapeaux. L'amendement de M. Maillard ne put grouper que 14 voix contre 516.

Au Sénat, l'article 9 fut adopté sans discussion sérieuse quant au principe ; après une rapide discussion, le mot « régulier », placé après

« congé », fut supprimé sur la demande des généraux Billot et Robert.

× ×

En résumé, sous l'empire de la législation de 1889 sont seuls admis à voter :

1) Les militaires et assimilés de tous grades des armées de terre et de mer, en activité, qui se trouvent en congé: ils ne peuvent exercer ce droit que dans la commune où ils sont régulièrement inscrits ;

2) Les officiers généraux du cadre de réserve ;

3) Les officiers en disponibilité ou en non-activité ;

4) Les jeunes gens du contingent et les engagés volontaires qui se trouvent dans leurs foyers avant d'être appelés sous les drapeaux ;

5) Les militaires de la réserve et de la territoriale quand ils ne sont pas en période d'exercice.

La gendarmerie départementale et maritime, les sapeurs-pompiers de la ville de Paris, les interprètes militaires, les médecins et pharmaciens militaires, les ingénieurs hydrographes, les mécaniciens de la marine, le personnel administratif de la direction des travaux de la marine, les employés de la chiourme sont, au point de vue des droits politiques, rangés dans la catégorie des militaires en activité de service.

× ×

On pourrait arrêter ici l'histoire des droits politiques des militaires en France. A partir de 1889, le Parlement n'engagea plus à ce sujet de débats justifiant une analyse détaillée.

Le 8 mars 1894, M. Jules Guesde et quinze de ses collègues à la Chambre déposèrent un projet de loi « tendant à réintégrer l'armée nationale dans la nation en lui rendant l'exercice du droit de vote ».

Cette proposition, renvoyée à la commission d'initiative parlementaire, ne vint jamais en discussion.

Elle fut reprise par MM. Fournière, Clovis Hugues et leurs collègues socialistes qui déposèrent, le 20 décembre 1898, un projet de loi abrogeant toutes les dispositions législatives enlevant l'exercice de leurs droits politiques aux militaires en activité de service. 467 voix contre 26 repoussèrent cette proposition.

La loi de 1905 reproduit textuellement l'article 9 de la loi du 15 juillet 1889 et l'adoption de cette disposition ne souleva dans les deux Chambres aucune difficulté.

Enfin, plus récemment, le général Pedoya vient de déposer un projet tendant à restituer aux militaires *de carrière* les droits politiques que le législateur de 1872 leur a enlevés. C'est la première fois que la question se trouve présentée de cette façon : le problème ainsi limité recevra-t-il une solution satisfaisante à la fois pour les intéressés et le pays ? C'est là l'histoire de demain.

L'Armée et les Droits politiques

DANS LES PRINCIPALES PUISSANCES

AVANT-PROPOS

Nous allons maintenant aborder l'étude de la question dans les principales puissances du monde.

Nous avons été amenés à étudier toutes les Constitutions et à rappeler les principes sur lesquels elles sont étayées, car on ne peut connaître la portée et la valeur des droits existants que si l'on sait le but dans lequel ils ont été accordés et les circonstances où ils ont pris naissance. On peut trouver dans nos études tous les éléments d'appréciation, de comparaison nécessaires.

L'étude des lois militaires des divers pays nous a également préoccupés dans une juste mesure, car sans leur connaissance, on pourrait se livrer à des rapprochements erronés et à des conclusions hâtives et fausses. C'est ainsi qu'on ne saurait envisager la question des droits politiques des militaires en Angleterre comme en France ou en Allemagne. L'Angleterre n'a point d'armée nationale ; d'autre part, son armée n'a ni la même constitution ni les mêmes fins que celles des deux autres pays. Aussi a-t-on pu sans inconvénient, en Angleterre, accorder à tous les militaires le droit de vote. On ne saurait voir là ni un exemple ni un enseignement pour les deux autres pays.

Le rapprochement des législations étrangères sur ce point délicat est plein d'intérêt, car il permet de constater que, même dans les pays où l'armée doit faire face aux mêmes nécessités, aux mêmes obligations que chez nous, les militaires ne sont pas, en règle générale, exclus de la vie politique de leur pays.

Nous tenons à bien préciser l'esprit qui a dominé notre travail. Nous avons voulu uniquement exposer les faits dans leur rigoureuse exactitude. Ainsi notre lecteur aura tous les éléments du problème, et pourra en tirer lui-même les conséquences nécessaires.

Cette étude a porté sur la presque totalité des Constitutions du monde : ont seulement été laissées de côté celles de l'Egypte, du Canada, du Mexique, du Pérou, de l'Equateur et des Etats-Unis de l'Afrique du Sud, pour lesquels des renseignements insuffisants ne nous permettaient pas de donner une certitude absolue.

Malgré la concision avec laquelle nous nous somme efforcés de présenter cette question, il n'en est pas moins possible de tirer de cet exposé des conclusions intéressantes.

Les résultats obtenus par cette étude comparative, qui a porté sur 32 Constitutions, ont été classés d'après la méthode suivante. Elle pourra peut-être paraître arbitraire, mais elle nous a semblé répondre au besoin de clarté si nécessaire dans une pareille question.

Pays possédant deux Chambres entièrement élues:
Bulgarie, Espagne, Pays-Bas, Roumanie, Norvège, Suède, Suisse, Etats-Unis, Brésil, Chili, Bolivie, République Argentine, Uruguay, Vénézuela et Confédération d'Australie.

Dans ces 15 Etats, seule la législation constitutionnelle de la Bulgarie enlève le droit de vote et d'éligibilité à tous les militaires, y compris les officiers en activité de service. Toutes les autres nations ont laissé les officiers dans le droit commun, quelques-unes même (la Suisse, par exemple) ont accordé les mêmes droits aux hommes de troupe.

Pays possédant deux Chambres, dont une entièrement élue et une composée partie de membres élus, partie de membres nommés par le souverain ou héréditaires : Danemark, Belgique, Bavière, Saxe, Wurtemberg et Russie.

Dans les cinq premiers de ces États, les officiers sont électeurs et éligibles. Dans le sixième (Russie), ils sont électeurs et éligibles à la Chambre haute, électeurs par procuration, mais non éligibles à la deuxième Chambre. Dans tous les six, la Constitution refuse tous droits politiques aux sous-officiers et soldats.

Pays possédant deux Chambres, dont une entièrement élue et une composée uniquement de membres nommés par le souverain ou héréditaires : Angleterre, Autriche, Hongrie, Italie, Japon, Portugal, Prusse, Turquie.

Dans ces huit États, l'accès de la Chambre haute est ouvert aux officiers en activité de service. Ils sont électeurs et éligibles à la deuxième Chambre en Italie, en Turquie, en Angleterre et au Portugal. Ils ne sont ni électeurs ni éligibles à celle-ci en Autriche, en Prusse et au Japon. En ce qui concerne la Hongrie, seuls les officiers appartenant à la honved sont électeurs et éligibles : les officiers hongrois appartenant à l'armée commune sont l'objet de la même mesure d'exception que les officiers autrichiens. Enfin, parmi ces sept États, seule la Constitution anglaise accorde le droit de vote aux sous-officiers et aux soldats.

Pays ne possédant qu'une seule Chambre élue : Allemagne, Grèce et Serbie.

Les officiers sont électeurs et éligibles en Grèce ; éligibles, mais non électeurs en Allemagne. Ils ne sont ni électeurs ni éligibles en Serbie. Dans aucun de ces trois États, les sous-officiers et les soldats ne jouissent de droits politiques.

Ces résultats ont été groupés, en ce qui concerne les officiers, dans un tableau comparatif placé à la fin du volume qui en fera davantage ressortir les enseignements (1).

---

(1) Voir page 312.

BULGARIE

Le traité de Berlin du 13 juillet 1878 a constitué la Bulgarie « principauté autonome et tributaire, sous la suzeraineté de S. M. le Sultan ».

Une année après ce grand événement, la Bulgarie était dotée d'une Constitution. Son application amena de graves difficultés et le prince Alexandre Ier réunit une Assemblée à laquelle il demanda de lui concéder des pouvoirs extraordinaires. Elle y consentit pour une durée de sept ans. Le roi se faisait un devoir, malgré tout, de ne pas abuser de la confiance que le peuple lui avait témoignée en lui confiant en grande partie le pouvoir législatif.

Le 18 septembre 1865, la Roumélie orientale se souleva contre la domination turque et le prince Alexandre accepta le titre de « prince des deux Bulgaries du Nord et du Sud ».

Par un manifeste daté du 5/18 octobre 1908, le prince Ferdinand a proclamé « la Bulgarie unie royaume indépendant ».

La Constitution du 16 avril 1879 a subi de graves et profondes transformations en 1893.

× ×

La Skoupchtina est élue pour cinq ans au suffrage universel et direct, à raison d'un député par 20.000 habitants.

La Grande Skoupchtina, également élue au suffrage universel et direct, comprend un nombre double de membres. Elle statue sur les acquisitions et cessions territoriales, les changements constitutionnels, la vacance du trône.

La loi électorale en vigueur date du 23 mars 1897 ; elle a été modifiée en 1898, 1901, 1906 et 1907.

Aux termes exprès du premier paragraphe du chapitre Ier de la loi, « les militaires en activité ne peuvent prendre part aux élections ».

Ils sont donc exclus en bloc de la vie publique du pays.

ESPAGNE

Le pronunciamiento du 29 décembre 1874 a rétabli en Espagne la monarchie des Bourbons qui subsiste encore aujourd'hui. La Constitution actuelle, œuvre de M. Canovas de Castillo, porte la date du 30 juin 1876. La loi électorale du Sénat porte la date du 8 février 1877, celle de la Chambre des députés du 8 août 1907.

Le pouvoir exécutif appartient au roi, assisté du conseil des ministres. Le pouvoir législatif, aux Cortès, d'accord avec le roi. Les Cortès se composent de deux Assemblées législatives dont les pouvoirs sont égaux : le Sénat et la Chambre des députés.

Le Sénat se compose : 1° de sénateurs de droit; 2° de sénateurs nommés à vie par le roi; 3° de sénateurs élus par les corporations de l'Etat et les plus forts imposés dans la forme que détermine la loi spéciale.

Parmi les sénateurs de droit se trouvent les capitaines-généraux de l'armée et l'amiral de la flotte. Parmi les personnages qui peuvent être nommés à vie, on compte les lieutenants-généraux et les vice-amiraux ayant deux ans de grade.

Enfin, aucune restriction n'empêche les militaires de faire partie des sénateurs élus, s'ils remplissent les autres conditions censitaires prévues par la Constitution. Il suffira ici de signaler que, sur 180 membres élus, le Sénat compte 9 membres élus par le clergé, 6 par les académies, 10 par les universités, 5 par les sociétés économiques et 150 par les députés provinciaux, les délégués municipaux et les plus forts imposés.

En fait, font partie du Sénat aujourd'hui : 1 lieutenant-colonel d'état-major, 1 colonel et 1 lieutenant-colonel du génie, 1 commandant d'artillerie, 2 colonels de cavalerie, 2 lieutenants-généraux et 1 membre de la justice militaire.

La Chambre (*Congreso*) des députés se compose de députés élus par les juntes électorales, en la forme déterminée par la loi, au suffrage universel. Pour être électeur, il faut être sujet espagnol, âgé de 25 ans, jouir de ses droits civils et compter au moins deux ans de résidence dans la commune où l'on est régulièrement inscrit. Sont éligibles, tous les Espagnols mâles, laïques, majeurs de 25 ans et jouissant de tous leurs drois civils.

Les sous-officiers et soldats ne sont ni électeurs ni éligibles. Les officiers sont électeurs et éligibles; toutefois, ne sont pas éligibles, dans leur circonscription, les militaires faisant partie des commissions mixtes de recrutement et de remplacement.

La loi du 7 mars 1880 (modifiée le 31 juillet 1887) a déterminé les emplois de l'ordre civil et militaire compatibles avec les fonctions de député aux Cortès. D'après l'article 1er de cette loi, les fonctions de député sont compatibles avec les emplois de l'ordre civil, militaire et judiciaire obligeant à une résidence fixe à Madrid et comportant un traitement de 12.500 pesetas, ainsi qu'avec les emplois que remplissent, à Madrid, les officiers généraux des armées de terre et de mer. Il est inutile d'étudier ici plus en détail cette loi des incompatibilités; il suffit de signaler que le nombre des députés ayant des emplois compatibles et siégeant au Congrès ne peut excéder le chiffre de 40.

En fait, la Chambre actuelle compte : 1 lieutenant-colonel d'état-major, 1 commandant et 1 lieutenant en premier d'infanterie, 2 commandants, 4 capitaines et 1 lieutenant en premier de cavalerie, 1 colonel et 1 lieutenant-colonel d'artillerie, 1 commandant du génie, 1 auditeur de brigade et 1 officier d'administration, soit en tout 15 officiers supérieurs ou subalternes.

En résumé, en Espagne, les sous-officiers et les soldats sont privés de tous droits politiques; les officiers jouissent de droits politiques étendus que le gouvernement ne semble pas disposé à leur enlever.

En effet, deux manifestations récentes du président du Conseil de l'Espagne donnent à ce sujet de précieuses indications et permettent d'apprécier à sa juste valeur l'importance d'un pareil traitement. Ayant à désigner, à la fin de 1910, le commandant du corps expéditionnaire au Maroc, M. Canaléjas déclarait, dans une interview reproduite par tous les journaux français, que « tout en reconnaissant aux officiers le droit de participer à la vie publique de leur pays, il préférait confier les commandements importants à ceux d'entre eux qui ne prenaient aucune part active aux luttes politiques des partis ».

Enfin, personne ne s'est étonné, en Espagne, que, tout récemment, le président du Conseil ait choisi, pour prononcer un grand discours politique, le jour où il présidait un banquet militaire dans un cercle militaire.

NORVÈGE

La Constitution norvégienne, la plus vieille de l'Europe, remonte au 4 novembre 1814, mais a reçu depuis cette époque d'assez nombreuses modifications, dont les plus importants furent le résultat des remaniements rendus nécessaires par la rupture de l'union avec la Suède en 1905.

Le texte de la Constitution, tel qu'il existe, aujourd'hui, a été publié le 30 juin 1906. Il est à remarquer que la Norvège est un des rares pays d'Europe où les femmes possèdent le droit de suffrage.

× ×

La forme du gouvernement est la monarchie constitutionnelle. Le pouvoir exécutif appartient au roi, assisté de ministres responsables.

Le pouvoir législatif appartient au Storthing qui se compose lui-même de deux Chambres, le Lagthing et l'Odelsthing.

Ont droit de vote : 1° les citoyens norvégiens âgés de 25 ans, domiciliés dans le pays depuis cinq ans et qui y résident; 2° les citoyennes norvégiennes âgées de 25 ans, domiciliées dans le pays depuis cinq ans, qui y résident et qui ont payé un impôt basé sur un revenu d'au moins 400 couronnes pour les villes et 300 pour les campagnes.

Pour être éligible, il faut être âgé de 30 ans, avoir résidé dix ans en Norvège et être électeur dans le district électoral qui vous nomme.

Les militaires sont électeurs et éligibles. D'après l'article 60 de la Constitution, les électeurs qui se trouvent en Norvège et ne peuvent se présenter pour cause de service militaire sont autorisés à adresser leur vote par écrit au président de l'assemblée électorale avant que celle-ci ne soit close.

Quarante et un représentants sont élus par les villes et quatre-vingt-deux par les districts ruraux. Le Storthing élit un quart de ses membres, qui composent le Lagthing. Les trois autres quarts forment l'Odelsthing.

PAYS-BAS

Peu d'Etats ont vu changer leur système de gouvernement, au cours du siècle dernier, aussi souvent que les Pays-Bas.

La conquête de ce pays par Pichegru, en 1794-1795, marqua la fin du régime fédératif, et l'établissement de la République batave réalisa son unité (16 mai 1795). La première Constitution néerlandaise porte la date du 23 avril 1798; elle fut modifiée et transformée en 1801, 1805, 1806 et 1814. Réunis à la Belgique en 1815, les Pays-Bas s'en séparent en 1840, tout en conservant, du moins dans leurs grandes lignes, les principes constitutionnels de 1815. Mais l'opinion publique ne tarda pas à demander un remaniement complet de cette charte : après quatre années de discussions souvent pénibles, une série de lois constitutionnelles, qui forment encore la base de la Constitution actuelle, fut promulguée le 11 octobre 1848.

De 1848 à 1887, l'histoire constitutionnelle des Pays-Bas est marquée par une lutte ardente soutenue par la population d'une part, pour obtenir le suffrage universel, par le souverain d'autre part, favorable à une extension du droit de suffrage, mais entièrement contraire à l'établissement du suffrage universel. Le 18 mars 1885, douze projets de loi dans ce sens furent déposés par le gouvernement, qui les retirait d'ailleurs le 10 avril 1886. La Chambre ayant été dissoute, celle qui lui succéda amena une majorité de gauche nettement favorable à l'extension des droits électoraux. Après de long débats, les projets de lois que le gouvernement avait de nouveau déposés furent adoptés et promulgués le 10 août 1887.

La Chambre fut dissoute et des élections eurent lieu immédiatement suivant les lois nouvelles : les deux Chambres ainsi élues votèrent une seconde fois la Constitution, qui fut définitivement promulguée le 30 novembre 1887. Les modifications les plus importantes portaient sur la succession au trône, le droit électoral, la composition des Chambres, la justice et l'armée.

En vertu de la Constitution (*Grondwet*) du 30 novembre 1887, la couronne des Pays-Bas appartient aux descendants légitimes de Guillaume-Frédéric, prince d'Orange-Nassau.

Le pouvoir exécutif est exercé par le roi qui a la haute direction des relations extérieures, déclare la guerre, conclut et ratifie tous les traités avec les puissances étrangères : il est inviolable, mais ses ministres sont responsables.

Il a le droit de dissoudre les Chambres, mais, dans ce cas, de nouvelles élections doivent avoir lieu dans les quarante jours, et les Chambres doivent se réunir dans les deux mois.

× ×

Le pouvoir législatif est exercé en commun par le roi et les états généraux.

Les états généraux assurent la représentation du peuple néerlandais : ils sont divisés en une première et une seconde Chambre.

Les membres de la seconde Chambre sont élus directement par les « régnicoles » du sexe masculin, possédant les conditions de capacité et de situation sociale déterminées par la loi électorale et ayant atteint l'âge fixé par cette loi, lequel ne pourra être inférieur à 23 ans. La loi électorale qui a été votée le 7 septembre 1896 a concédé très largement le droit de suffrage : le vote est direct, secret et uninominal ; le suffrage est à peu près universel. Le droit électoral est suspendu pour les militaires des armées de terre et de mer *au-dessous du rang d'officier*, pendant le temps où ils sont sous les drapeaux.

La seconde Chambre se compose de cent membres élus pour quatre ans dans des circonscriptions électorales. Pour être éligible à la seconde Chambre, il faut être Néerlandais, de sexe masculin, n'avoir pas été privé par décision judiciaire de la disposition ou de l'administration de ses biens, n'être pas déchu du droit d'éligibilité et avoir 30 ans accomplis. Aucune disposition restrictive ne s'applique aux officiers.

La première Chambre se compose de cinquante membres élus pour neuf ans par les états provinciaux. Pour être membre de la première Chambre, il faut satisfaire aux conditions requises pour faire partie de la seconde, et, en outre, soit appartenir aux plus imposés aux contributions directes du royaume (à raison de un imposé par 1.500 âmes dans chaque province), soit revêtir ou avoir revêtu une des fonctions publiques déterminées par une loi et parmi lesquelles on a relevé ici simplement les suivantes : président et membre du conseil supérieur de la guerre, commissaire du gouvernement de l'armée de terre et de mer, lieutenant-amiral, vice-amiral, contre-amiral, capitaine de la marine royale, général de l'infanterie, lieutenant-général, général-major, colonel de l'armée néerlandaise ou de l'armée des Indes néerlandaises, etc.

L'article 96 de la Constitution stipule que « les militaires *en activité de service* qui acceptent d'être membres d'une des deux Chambres sont, *de droit*, en non-activité pendant la durée de leur mandat : lorsque celui-ci est expiré, *ils rentrent dans le service actif* ».

En résumé, aux Pays-Bas, les hommes de troupe ne sont *ni électeurs, ni éligibles*.

Les officiers, au contraire, sont admis à participer dans la plus large mesure à la vie politique de la nation : *ils sont électeurs et éligibles* aux deux Assemblées des états généraux.

ROUMANIE

Le prince Charles de Hohenzollern-Sigmaringen, ayant été appelé au trône de Roumanie par voie de plébiscite, le 20 avril 1866, convoqua aussitôt une Assemblée constituante qui, après un rapide travail, vota le 30 juin/12 juillet la Constitution en vigueur encore aujourd'hui. L'article 43 du traité de Berlin ayant proclamé l'indépendance de la Roumanie sous certaines conditions, la Constitution fut modifiée une première fois en 1879. Enfin en mars 1881, la Roumanie ayant été érigée en royaume, une revision de la Constitution fut immédiatement entreprise et la nouvelle loi constitutionnelle promulguée le 8/20 juin 1884.

La loi électorale qui accompagne la Constitution a été votée en 1866, modifiée en 1878, transformée en 1884, et elle a reçu d'importantes modifications en 1903, 1904, 1906 et 1907.

Le pouvoir exécutif est entre les mains du roi.

Le pouvoir législatif est exercé collectivement

par le roi et la représentation nationale. La représentation nationale se divise en deux Chambres (*Adunari*) : le Sénat et la Chambre des députés. Toute loi exige l'assentiment des trois branches du pouvoir législatif.

La Chambre se compose de députés élus pour quatre ans par le corps électoral r parti en trois collèges. Font partie du premier collège, les citoyens qui, réunissant les autres conditions exigées par la loi, ont un revenu foncier, rural ou urbain d'au moins 1.200 francs. Font partie du deuxième les électeurs urbains payant un impôt annuel direct d'au moins 20 francs. (Sont exemptés de cette condition, les officiers en retraite, les pensionnaires de l'Etat, etc.) Font partie du troisième, tous les autres électeurs n'appartenant pas aux deux premiers et payant à l'Etat un impôt aussi faible soit-il. Ceux qui ne savent ni lire, ni écrire votent pour un délégué par 50 électeurs; le chef de la garnison ne peut être élu délégué. Le premier collège élit 75 députés, le deuxième 70 et le troisième 38. Total : 183 députés.

Les sénateurs sont élus pour huit ans, renouvelables par moitié tous les quatre ans. Le corps électoral pour le Sénat est partagé en deux collèges. Font partie du premier collège les électeurs qui possèdent un revenu foncier, rural ou urbain d'au moins 2.000 francs par an, avec dispenses de cens pour les généraux et colonels, et ceux dont le grade est assimilé à celui de général ou de colonel. Font partie du deuxième collège tous les électeurs directs des villes et des communes rurales qui possèdent un revenu foncier, rural ou urbain de 800 à 2.000 francs, ainsi que les commerçants et industriels payant une patente de première ou de deuxième classe. Le premier collège nomme 60 sénateurs; le second, 50. Total : 110 sénateurs, auxquels il faut ajouter 2 représentants des universités et 8 dignitaires ecclésiastiques.

Pour être électeur, il faut être Roumain de naissance ou avoir obtenu la naturalisation, avoir 21 ans et réunir les conditions exigées pour figurer dans un des collèges électoraux.

L'article 57 de la loi de 1878, qui n'a pas été abrogé depuis, est ainsi conçu : « Les officiers de l'armée, qu'ils soient ou non en activité de service, peuvent participer au vote. » De cet article, il semble résulter que seuls les officiers ont le droit de vote en Roumanie.

Pour être éligible à la Chambre des députés, il faut être Roumain, avoir la jouissance des droits civils et politiques, être âgé de 25 ans, et être domicilié en Roumanie. L'article 27 de la loi électorale de 1878 spécifie que le mandat de député n'est pas incompatible avec la qualité de militaire en disponibilité ou en non-activité. La loi électorale de 1884 a maintenu cette disposition, mais elle a précisé la situation des militaires en activité. Ceux-ci ne peuvent être élus aux corps législatifs s'ils n'ont donné leur démission, ou s'ils n'ont été révoqués, au plus tard trois jours après le décret de convocation des collèges électoraux.

Pour être éligible au Sénat, il faut être Roumain, jouir des droits civils et politiques, être domicilié en Roumanie, être âgé d'au moins 40 ans, avoir un revenu, de quelque nature qu'il soit, d'au moins 9.400 francs. Toutefois, sont dispensés de ce cens les généraux et ceux qui leur sont assimilés et les colonels démissionnaires ou en disponibilité. La loi de 1874 était plus libérale et accordait l'éligibilité au Sénat aux colonels ayant trois ans d'ancienneté.

En résumé, les officiers roumains ont le droit

de vote pour les élections au Sénat et à la Chambre des députés ; ils ne sont éligibles à la Chambre des députés que s'ils ont démissionné trois jours après le décret de convocation des collèges électoraux. Les généraux ou assimilés sont seuls éligibles au Sénat.

SUÈDE

La plupart des Constitutions modernes ne sont qu'une conséquence de la Révolution française et des révolutions de 1830 et de 1848 qui en dérivent ; les plus anciennes de toutes n'ont donc pas beaucoup plus d'un siècle d'existence. On ne trouve, à proprement parler, que deux pays possédant une Constitution d'origine ancienne : l'Angleterre et la Suède. En effet, la Hongrie et la Suisse, qui ont aussi chacune derrière elles une longue vie constitutionnelle, ont vu en 1848 et plus tard leur Constitution non seulement modifiée, mais transformée.

×　×

La Constitution suédoise actuelle (*Regerins-form*) remonte au 6 juin 1809 ; mais elle n'est que la mise en formules et le résumé pur et simple des expériences politiques faites dans les siècles précédents. Hans Järta disait, en 1832, qu'elle « ne fut taillée sur le patron d'aucun des costumes politiques alors à la mode dans le reste de l'Europe, mais bien d'après le vieux costume national de la Suède, avec la jaquette du paysan serrée à la taille ».

Le gouvernement est monarchique. Le roi a entre les mains le pouvoir exécutif dans sa presque totalité. Il exerce le pouvoir législatif d'accord avec le Riksdag, qui représente le peuple suédois.

Il est d'ailleurs intéressant de signaler que, si la plupart des lois nécessitent l'approbation du souverain et du Riksdag, il existe cependant un certain nombre de cas où tantôt le roi seul, tantôt le Riksdag seul, peuvent légiférer. En ce qui concerne les lois militaires, l'accord du roi et des Chambres est de rigueur, en vertu de l'article 80 de la Constitution.

Le Riksdag est composé de deux Chambres, dont les membres sont nommés à l'élection et à temps. La Chambre haute comprend 150 membres élus pour six ans. La Chambre basse est composée de 230 membres élus pour trois ans, dont 150 par les campagnes et 180 par les villes.

Les membres de la Chambre haute sont élus par les conseils provinciaux et par les conseils municipaux des villes qui ne sont pas représentées aux conseils provinciaux.

Pour être éligible à la Chambre haute, il faut être âgé de 35 ans, être propriétaire depuis trois ans au moins d'un immeuble d'une valeur imposable de 5.000 rixdaler (69.500 francs) au moins, ou payer depuis au moins trois ans des contributions calculées sur un revenu annuel de 3.000 rixdaler (4.170 francs) au moins.

Est électeur à la Chambre basse tout Suédois de bonne réputation, âgé de 25 ans. Toutefois, celui qui, étant astreint au service militaire, n'a pas satisfait aux exercices militaires auxquels il était assujetti jusqu'à la fin du dernier millésime, est privé du droit électoral.

Pour être éligible, il faut avoir, de plus, le droit électoral dans la circonscription électorale où l'on se présente.

Quel rôle les militaires suédois de tout grade sont-ils appelés à jouer dans le jeu de cette Constitution ?

Depuis le 14 juin 1901, le service personnel est obligatoire de la 21ᵉ à la 41ᵉ année. Les jeunes gens sont appelés au cours de la première année, ou, à la suite d'un sursis, au cours de la deuxième, pour une école de recrues d'une durée de cent cinquante jours dans les armes à pied, de deux cent quatre-vingt-un jours dans les armes montées et le génie. Les hommes des armes à pied sont rappelés au cours des 2°, 3° et 4° années pour une période de trente jours chaque fois ; ceux des armes montées et du génie pour des périodes de quarante-deux jours. L'âge électoral étant fixé à 25 ans, la question du droit de vote ne se pose pas pour les appelés.

Mais il existe, en outre, une partie permanente constituée, d'une part, par les officiers, les sous-officiers et les engagés volontaires (formant le Värfvade), les non-gradés pouvant se trouver au service jusqu'à l'âge de 28 ans. Aucun article de la loi constitutionnelle ou de la loi électorale ne fait obstacle au droit électoral de ces militaires. Au point de vue de l'éligibilité, la loi organique du Riksdag est beaucoup plus explicite : « Aucun membre du Riksdag ne peut être empêché de remplir ses fonctions ; il est fait cependant exception *en temps de guerre*, pour les militaires que le roi commande pour le service de l'Etat. »

En résumé, la Constitution suédoise, une des plus anciennes de l'Europe, accorde à tous les militaires en service actif les mêmes droits politiques qu'aux autres citoyens suédois.

SUISSE

La Constitution suisse est essentiellement démocratique. Les lois constitutionnelles helvétiques ont subi, au cours de l'histoire, des modifications importantes. Au xiii° siècle, trois cantons seulement faisaient partie de la Ligue : Uri, Schwytz et Unterwald. Cinq cantons se joignirent bientôt à eux. La Confédération des huit cantons subsista jusqu'en 1481; mais bientôt cinq autres cantons adhérèrent au parti fédéral et, en 1503, la Confédération des treize cantons était formée.

Sous l'influence de la Révolution française, la Suisse renonça au principe fédératif et adopta, le 12 avril 1798, une Constitution unitaire. Cet essai ne fut pas heureux et Bonaparte se vit contraint d'imposer à la Suisse l'acte de médiation du 19 février 1803, qui ramenait la Suisse à ses principes traditionnels. Cet acte subsista jusqu'en 1815. Il fut remplacé par un pacte fédéral qui donna à la Suisse son indépendance et la soumit au régime de la neutralité. En

1848, une Constitution nouvelle revisa le pacte fédéral et institua le système fédératif.

Les lois actuellement en vigueur datent du 29 mai 1874. Elles ont été modifiées à quinze reprises différentes.

L'exiguïté du territoire a permis d'organiser pour tous les problèmes importants posés devant l'opinion, la votation populaire, le référendum, le gouvernement direct du peuple.

On sait que l'armée suisse possède une organisation toute particulière et très différente de celle des autres armées européennes.

Tout citoyen suisse doit le service personnel de 20 à 48 ans. Tous les jeunes gens de 19 à 20 reconnus aptes au service sont intruits dans des écoles dites « écoles de recrues » pour une durée d'instruction restreinte, qui varie selon les armes (infanterie, soixante-cinq jours; cavalerie, quatre-vingt-dix jours; artillerie, soixante-quinze jours). A l'issue des écoles de recrues, les jeunes gens servent douze ans dans l' « élite » et font un stage annuel de onze à quatorze jours.

Enfin, la landwehr est formée par des miliciens provenant de l' « élite ». La landsturm comprend : 1° tous les hommes de milice jusqu'à l'âge de 48 ans; 2° en temps de guerre, tous les citoyens de 17 à 50 ans ne faisant pas partie de l'élite ou de la landwehr; 3° en temps de guerre et à titre volontaire, les citoyens comptant moins de 17 ans et plus de 50 ans.

Les officiers et les gradés ne sont appelés au service qu'en vue de leur instruction militaire.

Les instructeurs militaires forment un corps spécial. Ils font partie de l'armée au même titre que les autres officiers et sont promus aux différents grades dans les mêmes conditions. Les fonctions des instructeurs sont permanentes.

Tous les Suisses sont égaux devant la loi.

Tout citoyen d'un canton est citoyen suisse (art. 43 de la Constitution). Il peut à ce titre prendre part au lieu de son domicile à toutes les élections et votations en matière fédérale, après avoir dûment justifié de sa qualité d'élecleur.

Aucune restriction à ces droits n'est formulée contre les militaires, même ceux qui le sont en permanence.

L'autorité supérieure de la Confédération est exercée par l'Assemblée fédérale qui se compose de deux sections ou conseils, savoir : le Conseil national et le Conseil des États.

Les élections pour le Conseil national sont directes. Elles ont lieu dans les collèges électoraux fédéraux.

Tout Suisse âgé de 20 ans révolus. et qui n'est point exclu du droit de citoyen actif par la législation du canton dans lequel il a son domicile, a le droit de prendre part aux élections et aux votations.

Or, les lois des divers cantons ne formulent aucune interdiction pour les militaires.

Tout citoyen suisse laïque et ayant droit de voter est éligible au Conseil national.

Le Conseil des États se compose de 44 députés, élus à raison de deux par canton.

Les militaires, comme tous les autres citoyens, sont électeurs et éligibles.

En résumé, l'armée suisse est essentiellement nationale. Formée de toute la nation valide, elle participe à sa vie et à toutes ses manifestations.

Il faut ajouter que la Suisse se trouve dans une situation toute particulière au point de vue international.

ÉTATS-UNIS D'AMÉRIQUE

Le premier pacte fédéral qui donna aux États-Unis de l'Amérique du Nord une forme régulière de gouvernement fédératif date du 9 juillet 1778. Cette première Constitution, à laquelle avaient adhéré successivement les treize États qui constituaient alors la colonie « la Nouvelle-Angleterre », ne dura que six années.

En mai 1787, une nouvelle Convention se réunit à Philadelphie. Sous l'énergique impulsion de son président, Washington, elle accélère ses travaux. Malgré les dissentiments parfois violents existant entre fédéralistes et antifédéralistes, une nouvelle Constitution fut mise sur pied et signée le 17 septembre 1787. Elle fut ratifiée l'année suivante par onze États, deux ans plus tard par les deux autres. Il est intéressant, à ce sujet, de signaler la séparation qui existe aux États-Unis entre le pouvoir constituant et le pouvoir législatif : ce sont toujours des assemblées spéciales qui élaborent ou revisent la Constitution.

Cette Constitution fonctionne depuis cent-vingt-trois ans ; elle a résisté aux tristesses de la guerre de Sécession et existe encore aujourd'hui à peu près telle qu'elle fut votée en 1787 : pendant cette longue existence, quinze amendements seulement sont venus en modifier le texte. Mais les États qu'elle groupe aujourd'hui sont au nombre de quarante-six.

Le pouvoir législatif appartient, aux Etats-Unis, au Congrès, composé d'un Sénat et d'une Chambre des représentants.

La Chambre des représentants (*House of representatives*) est composée de membres élus par les divers Etats. Le nombre des représentants est actuellement de 387.

Les conditions exigées pour être électeur varient avec chaque Etat. Partout l'âge électoral est fixé à 21 ans. La résidence nécessaire varie de trois mois à un an. Quelques Etats exigent le paiement d'une taxe ; d'autres exigent de l'électeur qu'il sache lire et écrire, ou même lire seulement.

Pour être éligible, il faut avoir atteint l'âge de 25 ans, être depuis sept ans au moins citoyen des Etats-Unis et habiter à l'époque de l'élection l'Etat dans lequel on est élu.

Le Sénat est composé de deux sénateurs par
Etat choisis pour six ans par la législature de
chaque Etat. Le Sénat est renouvelable par tiers
tous les deux ans. Le vice-président des Etats-
Unis est président du Sénat, mais n'a droit de
vote qu'en cas de partage des voix.

Pour être éligible au Sénat, il faut avoir atteint
l'âge de 30 ans, être depuis neuf ans au moins
citoyen des Etats-Unis, et habiter au moment de
l'élection l'Etat dans lequel on est élu.

Le pouvoir exécutif est conféré au président
des Etats-Unis. Celui-ci est élu pour quatre ans,
en même temps que le vice-président.

Pour être éligible à la présidence, il faut être
citoyen de naissance des Etats-Unis, avoir atteint
l'âge de 35 ans et avoir résidé quatorze ans aux
Etats-Unis.

La Constitution a laissé aux différents Etats le
soin de déterminer de quelle manière sont élus
les électeurs présidentiels, se contentant de
fixer le nombre de ces électeurs à un chiffre
égal à la totalité des sénateurs et des représentants que l'Etat a le droit d'envoyer au Congrès,
« mais aucun sénateur ou représentant, ni aucune personne exerçant une fonction honorifique

ou salariée sous l'autorité des Etats-Unis, ne pourra être électeur ».

Actuellement, dans tous les Etats, les électeurs présidentiels sont élus au scrutin de liste, chaque Etat formant un seul collège, directement par le peuple, et non par l'Assemblée législative de l'Etat.

La législation générale des Etats-Unis ne comporte aucune restriction en ce qui concerne les droits politiques des militaires. L'article 2 de la section VI du chapitre Ier spécifie simplement que « nulle personne exerçant une fonction publique sous l'autorité des Etats-Unis ne pourra être membre de l'une des deux Chambres en continuant à remplir cette fonction ».

Les Constitutions particulières des Etats n'apportent, elles non plus, aucun empêchement à l'exercice de ce droit.

La préoccupation qui semble surtout guider les Etats dans les articles concernant les votes militaires devrait être surtout d'éviter que la venue d'un trop grand nombre de militaires dans un Etat ne vienne changer la signification des votes.

La Constitution de Géorgie, du 5 décembre 1877, spécifie que « nul soldat ou marin des

Etats-Unis ne deviendra électeur par le fait de la résidence à laquelle il aura été astreint par son service dans cet Etat ».

La plupart des Constitutions spécifient que la résidence pour les besoins du service dans un Etat autre que le leur ne fait nullement perdre aux militaires leurs droits électoraux dans leur Etat d'origine.

En résumé, aux Etats-Unis, les militaires de tous grades sont *électeurs et éligibles* dans les mêmes conditions que les autres citoyens.

BOLIVIE

La Constitution de la Bolivie date de 1880 ; la loi électorale, du 20 novembre 1883. Le Congrès se compose de deux Chambres élues au suffrage universel et direct. Les sénateurs sont au nombre de 16 ; les députés, de 69. « Les employés civils, ecclésiastiques et militaires à appointements fixes et éventuels ne peuvent être ni députés ni sénateurs. » Il y a donc incompatibilité entre les fonctions de représentant et celles d'officier. Ceux-ci sont électeurs ; mais, s'ils sont élus, ils doivent renoncer à leur profession.

BRÉSIL

L'indépendance du Brésil remonte au 1er août 1822, date à laquelle une Assemblée constituante conféra à dom Pedro le titre d'« empereur constitutionnel et défenseur perpétuel du Brésil ». Le Portugal reconnut cette indépendance le 29 août 1825.

La première Constitution brésilienne fut promulguée le 25 mars 1824 et vécut soixante-cinq ans, n'ayant été modifiée qu'une fois par la loi des réformes constitutionnelles du 12 août 1848.

A la suite d'un soulèvement militaire, la République fut proclamée au Brésil le 15 novembre 1889. Le gouvernement provisoire, présidé par le général Deodore da Fonseca, proclama l'établissement dans le pays du suffrage universel, mais ne put réprimer les troubles violents qui, jusqu'en 1894, ensanglantèrent le Brésil.

L'Assemblée constituante, qui avait été élue le 15 septembre 1890, s'était réunie le 15 novembre suivant pour se séparer le 25 février 1891, après avoir adopté le texte de la Constitution qui est encore en vigueur au Brésil aujourd'hui.

La forme du gouvernement est la République

fédérative, constituée par l'union perpétuelle et indissoluble des États-Unis du Brésil.

Le pouvoir législatif est exercé par le Congrès national avec la sanction du président de la République. Le Congrès national se compose de deux Chambres : la Chambre des députés et le Sénat.

La Chambre des députés comprend 212 députés élus pour trois ans, par État et proportionnellement à la population de chaque État ; la Constitution exige l'élection au suffrage direct avec représentation des minorités.

Pour être éligible à la Chambre des députés, il faut être en possession des droits de citoyen brésilien, être inscrit comme électeur et être citoyen brésilien depuis plus de quatre ans. Sont inscrits comme électeurs les citoyens majeurs de 21 ans qui se font inscrire conformément à la loi.

Ne peuvent être inscrits comme électeurs les mendiants, les illettrés, les religieux et « les troupes des différents corps des armées de terre et de mer » (*praças de pret*, c'est-à-dire l'ensemble des sous-officiers et soldats, par opposition aux officiers), excepté les élèves des écoles militaires d'enseignement supérieur.

Le Sénat se compose de citoyens élus dans les

mêmes conditions que les députés, mais pour neuf ans et à raison de trois sénateurs par État. Le Sénat est renouvelable par tiers tous les trois ans.

Pour être éligible au Sénat, il faut être en possession des droits de citoyen brésilien, être inscrit électeur, être citoyen brésilien depuis plus de six ans et âgé d'au moins 35 ans.

L'article 26 de la Constitution spécifie qu' « aucun membre du Congrès ne pourra, à dater du jour de son élection, contracter des engagements avec le pouvoir exécutif ou recevoir de lui des commissions ou emplois rémunérés. Sont exceptés de cette prohibition : 1º les missions diplomatiques; 2º les commissions ou commandements militaires ; 3º les avancements réguliers et les promotions légales ». Enfin, aucun député ou sénateur ne peut accepter de nomination à des missions, commissions ou commandements ainsi spécifiés sans l'autorisation de la Chambre dont il fait partie, lorsque cette affectation aura pour conséquence de le priver de l'exercice de ses fonctions législatives, sauf en cas de guerre ou dans les cas où l'honneur et l'intégrité de l'Union seraient en jeu.

Le pouvoir exécutif est exercé par le président

de la République des Etats-Unis du Brésil, à titre de chef électif de la nation.

Pour être éligible à la présidence, il faut : 1° être né Brésilien ; 2° jouir de ses droits politiques : 3° être majeur de 35 ans.

Le président est élu pour quatre ans et n'est pas rééligible immédiatement. L'élection a lieu le 1er mars de la dernière année de la période présidentielle, au suffrage direct de la nation et à la majorité absolue des voix.

Aucune disposition spéciale n'empêche les militaires d'être élus à ces hautes fonctions. L'élection du président actuel, le maréchal da Fonseca, en est la meilleure preuve.

Il faut signaler que les ministres qui assistent le président dans l'exercice du pouvoir exécutif ne peuvent cumuler leur fonction avec celles de député ou de sénateur.

En résumé, au Brésil, les sous-officiers et soldats ne sont ni électeurs ni éligibles. Les officiers des armées de terre et de mer sont *électeurs et éligibles* aux deux Chambres du Congrès national et même à la présidence de la République.

CHILI

La Constitution du Chili date du 25 mai 1833 ; sa loi électorale actuelle, du 8 février 1906. La forme du gouvernement est la République parlementaire. Les deux Chambres sont issues du suffrage universel et direct. Sont électeurs tous les citoyens âgés de 21 ans, sachant lire et écrire et résidant dans la circonscription. L'article 26 de la loi électorale prive de tous droits politiques les soldats et marins en activité. Les officiers restent dans le droit commun ; ils sont électeurs et éligibles à la Chambre, au Sénat et même à la présidence de la République, s'ils remplissent, d'autre part, toutes les conditions exigées par la loi.

RÉPUBLIQUE ARGENTINE

La Constitution de la République Argentine remonte au 25 septembre 1860. La forme du gouvernement est la République fédérale. Le Congrès est composé de deux Chambres élues directement au suffrage universel. Pour être élu député, il faut avoir 25 ans et exercer les droits de citoyen depuis quatre ans ; pour être élu sénateur, il faut avoir 30 ans, avoir exercé pendant six ans les mêmes droits et satisfaire, en outre, à un cens déterminé par la loi. La loi électorale du 29 décembre 1902 prive de leúrs droits politiques « les soldats, caporaux et sergents des troupes de ligne et les agents ou gendarmes de la police ». Les officiers sont électeurs et éligibles comme les autres citoyens.

URUGUAY

La Constitution de l'Uruguay date du 26 mai 1830; elle est actuellement l'objet d'une revision. La Chambre comprend 69 députés élus pour trois ans par les citoyens sachant lire et écrire. Les sénateurs, au nombre de 19, sont élus au second degré. Le président est élu par les deux Chambres réunies en Congrès. D'après la loi électorale du 29 avril 1898, les soldats et marins en activité de service sont privés des droits électoraux. La loi spécifie d'ailleurs que les convocations militaires doivent être évitées en période électorale. En ce qui concerne les officiers, ceux-ci ne peuvent être admis dans la salle du scrutin que pendant le temps strictement nécessaire à l'émission de leur vote, et ils ne doivent en aucun cas user de leur prestige ou de leur autorité pour influencer le vote de leurs concitoyens.

VÉNÉZUELA

La Constitution du Vénézuela date du 27 avril
1904; la loi électorale, du 20 août de la même
année. La forme du gouvernement est la République fédérative. Le Congrès des États-Unis du
Vénézuela se compose d'un Sénat et d'une Chambre des députés. On sait qu'au Vénézuela les
cadres sont, sur le pied de paix, plus nombreux
que les troupes : il est évident qu'une pareille
organisation militaire ne se prêtait à aucune
mesure d'exception politique. Officiers et soldats
sont électeurs et éligibles. Actuellement, la Constitution vénézuélienne est l'objet d'une revision.

ÉTATS-UNIS D'AUSTRALIE

La date de l'existence de la Confédération australienne est encore récente. La loi portant constitution de la Confédération d'Australie remonte au 9 juillet 1900. Les six Etats qui l'ont adoptée sont : Nouvelle-Galles du Sud, Victoria, Queensland, Australie méridionale, Australie occidentale et Tasmanie.

Le pouvoir exécutif appartient au gouverneur général assisté d'un Conseil exécutif fédéral. Le pouvoir législatif appartient à un Parlement fédéral composé d'un Sénat et d'une Chambre de représentants. Le Sénat comprend 36 membres (six par Etat confédéré) élus pour six ans.

La Chambre des représentants comprend 75 membres, élus pour trois ans, en nombre proportionnel au nombre d'habitants de chaque Etat (5 en Tasmanie, contre 27 dans la Nouvelle-Galles du Sud, par exemple).

En ce qui concerne les militaires, il suffira, pour la question traitée ici, de reproduire l'extrait suivant de l'article 60 de la Constitution :

« Ne pourra être élu ou siéger comme sénateur ou comme membre de la Chambre des représentants..... 4° Quiconque tient de la couronne un emploi salarié ou une pension payable au gré de la couronne et prélevée sur les revenus de la couronne. — Toutefois, le paragraphe 4 ne s'applique pas..... à la solde, à la demi-solde, ou à une pension accordée à quelqu'un comme officier ou comme faisant partie des forces militaires ou navales de la Confédération et dont les services ne sont pas entièrement employés par la Confédération. »

BAVIÉRE

La Constitution bavaroise porte la date du 26 mai 1818, mais a été plusieurs fois modifiée depuis. La forme du gouvernement est la monarchie constitutionnelle. Le pouvoir exécutif est exercé par le roi, assisté du Conseil d'Etat et du conseil des ministres.

Le pouvoir législatif appartient au Landtag qui comprend deux Chambres: la Chambre des seigneurs (*Reichsrath*) et la Chambre des députés. La première est composée de membres héréditaires, de membres nommés à vie par le roi, et de hauts fonctionnaires. Aucune disposition législative n'empêche les militaires appelés à siéger par droit héréditaire de venir remplir leurs fonctions à la Chambre des seigneurs. La seconde est composée de membres élus par le suffrage direct. La loi électorale du 9 avril 1906 a fixé le nombre des députés à 163. L'élection est directe et au scrutin secret.

Pour être électeur et éligible, il faut avoir 25

ans, être citoyen bavarois depuis au moins un an, payer un impôt direct à l'Etat depuis au moins un an. Aucune disposition législative ne vient restreindre les droits des militaires.

BELGIQUE (1)

La Belgique vit sous le régime parlementaire. Le Parlement comprend deux Chambres : la Chambre des représentants et le Sénat.

(Lois des 12 avril, 28 juin 1894 (code électoral) modifiées par les lois du 22 décembre 1894, 11 avril 1895, 11 juin 1896. 31 mars et 22 avril 1898 ; 29 décembre 1899 et 18 avril 1902.)

La Belgique a, en outre :

Des assemblées régionales : Conseils provinciaux, un par province (loi du 22 avril 1898); des assemblées locales : Conseils communaux, un par commune (loi des 11 avril-12 septembre 1895, modifiée par la loi du 31 mars 1898).

La situation des membres de l'armée par rapport aux droits politiques généraux sera examinée dans l'ordre des assemblées observé ci-dessus, et,

---

(1) Nous avons eu la bonne fortune d'avoir, sur la situation politique des militaires en Belgique, les renseignements les plus précis grâce à l'extrême obligeance de M. Chomet, directeur de la *Belgique militaire*.

pour chacune d'elles, en considérant, d'abord, le « droit électoral » et, ensuite, « l'éligibilité », successivement pour les officiers de l'armée active, les officiers de la réserve et pour les militaires au-dessous du grade d'officier.

I. — Assemblées nationales.

A. — DROIT ÉLECTORAL

a) *Chambre des représentants.*

b) *Officiers de l'armée active.* — Le droit électoral est déterminé, dans ses bases essentielles, par la Constitution, telle qu'elle résulte des modifications qui y ont été apportées par la revision du 7 septembre 1893.

L'article 47 stipule, en ce qui concerne les officiers, que :

« Les députés à la Chambre des représentants sont élus directement dans les conditions ci-après :

» Un vote est attribué aux citoyens âgés de 25 ans accomplis, domiciliés depuis un an au moins dans la même commune, et qui ne se trouvent pas dans l'un des cas d'exclusion prévus par la loi.

» Deux votes supplémentaires sont attribués aux citoyens âgés de 25 ans accomplis et qui se trouvent dans l'un des cas suivants :

» B) Remplir ou avoir rempli une fonction publique.... qui implique la présomption que le titulaire possède au moins les connaissances de l'enseignement moyen du degré supérieur.

» La loi détermine ces fonctions.... »

Le code électoral réglant l'application des articles ci-dessus spécifie :

« ART. 1er. Pour être électeur général, il faut :

» 1° Etre Belge de naissance ou avoir obtenu la grande naturalisation ;

» 2° Etre âgé de 25 ans accomplis pour la Chambre des représentants ;

» 3° Etre domicilié dans la même commune depuis un an au moins. »

Quant aux deux votes supplémentaires, les articles 6 et 19 combinés du code électoral rangent sous la rubrique des fonctions privilégiées (art. 19 n° 17) : officiers de l'armée et de la marine de l'Etat.

Il convient de noter que la commission, chargée de faire rapport à la Chambre des représentants sur le projet de loi devenu le code électoral, avait admis, à l'unanimité de ses membres, l'attribution de deux votes supplémentaires aux officiers de l'armée.

En résumé, les officiers, âgés de 25 ans, sont électeurs pour la Chambre des représentants, et disposent de trois votes, nombre maximum que la Constitution (art. 47) permet d'attribuer à un citoyen.

b) *Sénat.*

Les conditions sont les mêmes que pour la Chambre des représentants, mais la loi, usant de la latitude que lui laisse l'article 53 de la Constitution, a fixé à 30 ans l'âge de l'électorat pour le Sénat.

B) *Officiers de réserve.* — Au point de vue de la position qu'ils occupent dans l'armée, les officiers de réserve se trouvent dans les mêmes conditions que les officiers de l'armée active tant pour l'électorat à la Chambre des représentants qu'au Sénat. L'attribution des deux votes supplémentaires a cependant été fréquemment contestée aux officiers de réserve n'ayant pas été officiers de l'armée active.

Un arrêt du 3 mai 1897, de la Cour de cassation, a résolu la question affirmativement, attendu que : ... l'officier de réserve indépendamment du texte même (de la loi), qui ne fait aucune distinction quant aux officiers, peut invoquer l'esprit des articles 6 et 19 (du code électoral); qu'en effet, il n'a été nommé officier de réserve qu'après avoir fait constater, à la suite d'un examen, son aptitude à remplir les fonctions de sous-lieutenant et que c'est la présomption de capacité qui justifie l'attribution des votes supplémentaires concédés par ces deux articles.

× ×

C) *Militaires en dessous du grade d'officier*. — Tant pour la Chambre des représentants que pour le Sénat, les militaires en dessous du grade d'officier sont électeurs, quand ils remplissent les conditions indiquées ci-dessus. Seulement l'article 61 du code électoral suspend leur droit de vote.

« ART. 61. — Le droit de vote des sous-officiers,

caporaux et soldats est suspendu tant qu'ils sont sous les drapeaux.

» Ils ne sont inscrits (sur les listes électorales) que s'ils ont droit au congé illimité ou définitif avant le 1er mai qui suit la revision (des listes).

» Les dispositions qui précèdent ne s'appliquent pas aux membres du personnel du service de secours, porteurs d'un diplôme de docteur en médecine, de pharmacien ou de vétérinaire. »

D'autre part, l'article 173 prescrit que « la disposition de l'article 61 suspendant le droit de vote des sous-officiers, caporaux et soldats tant qu'ils sont sous les drapeaux, n'est pas applicable aux employés de l'armée non soumis au service actif et seulement assimilés aux sous-officiers ».

Est-ce à dire que la question de leur accorder l'électorat n'ait pas été soulevée? Aucunement; le rapport fait à la Chambre des représentants au sujet du projet de loi devenu code électoral signale, qu'un membre fut d'avis de maintenir le droit de vote aux *sous-officiers*; il considérait cette mesure comme de nature à conserver dans l'armée les volontaires, à relever leur situation dans l'estime publique.

» Il fut répondu que l'intérêt public exige que la politique n'entre pas à la caserne; que ce serait l'y introduire que de donner le droit de suffrage aux sous-officiers; que, si l'on accorde ce droit aux officiers, c'est parce que le passé a démontré qu'on peut le faire sans inconvénients, mais que nulle raison n'existe d'innover pour ce qui concerne les sous-officiers. »

Un amendement au projet de loi accordant le droit de suffrage aux sous-officiers ayant été déposé à la commission, celui-ci fut repoussé par 7 voix contre 3 (documents parlementaires 1893-94, pages 117-119). Actuellement, un mouvement se dessine dans la presse en vue d'accorder le droit de suffrage aux sous-officiers.

B. — Eligibilité

a) *Chambre des représentants.*

b) *Officiers de l'armée active.* — La Constitution fixe comme suit les conditions d'éligibilité :

« Art. 50. — Pour être éligible, il faut :

» 1° Être Belge de naissance ou avoir reçu la grande naturalisation ;

» 2° Jouir des droits civils et politiques ;

» 3° Être âgé de vingt-cinq ans accomplis ;

» 4° Être domicilié en Belgique. »

Aucune autre condition d'éligibilité ne peut être requise.

Seulement, en vertu de l'article 238 du code électoral (application de l'article 36 de la Constitution), « les membres des Chambres ne peuvent être en même temps fonctionnaires ou employés salariés de l'Etat.... »

Mais, d'autre part, les bureaux électoraux ne peuvent examiner les conditions d'éligibilité ni statuer sur les incompatibilités. Les pouvoirs vérificateurs seuls, c'est-à-dire, dans l'occurrence, la Chambre des représentants (art. 34 de la Constitution) sont compétents pour se prononcer sur cette question.

En conséquence, lorsque le candidat élu se trouve dans un des cas d'incompatibilité prévus par la loi, il est valablement élu, mais il ne peut être admis à siéger que si la cause d'où résulte l'incompatibilité a cessé d'exister.

Il en résulte que, au point de vue légal, et, dans ce domaine, la loi est d'application stricte et non interprétative, l'officier peut, tout en étant en activité de service, se porter candidat à la députation. Il ne pourrait siéger qu'en cessant d'être fonctionnaire *salarié*, c'est-à-dire soit en

démissionnant, soit en bénéficiant d'un congé
sans solde.

Reste le point de vue administratif. Une instruction ministérielle du 24 février 1885, rappelée par l'instruction ministérielle pour les ins-
pections générales du 1er mars 1909, page 12,
signale que « les devoirs de la profession militaire commandent aux membres de l'armée de
rester en dehors des polémiques et des luttes de
parti, et les obligent à s'abstenir de toute manifestation publique de leurs opinions ».

Cette prescription administrative est-elle de
nature à énerver la portée de la loi ? Toute la
question est là. Dans l'affirmative, en effet, on
se demande comment l'officier pourrait se porter candidat sans tomber sous son application.

Dans la pratique, la question n'a pas encore
été posée.

b) *Sénat.*

C'est aux articles 56 et 56 *bis* qu'il faut s'en
référer pour les conditions d'éligibilité du Sénat.
Voici leur teneur :

« ART. 56 . — Pour pouvoir être élu et rester
sénateur, il faut :

» 1° Être Belge de naissance ou avoir reçu la grande naturalisation ;

» 2° Jouir des droits civils et politiques ;

» 3° Être domicilié en Belgique ;

» 4° Être âgé au moins de 40 ans ;

» 5° Verser au trésor de l'État au moins 1.200 francs d'impositions directes, patentes comprises,

» Ou être soit propriétaire, soit usufruitier d'immeubles situés en Belgique, dont le revenu cadastral s'élève au moins à 12.000 francs. Dans les provinces où le nombre de ces éligibles n'atteint pas la proportion de 1 pour 5.000 habitants, la liste est complétée par les plus imposés de la province, jusqu'à concurrence de cette proportion. Les citoyens portés sur la liste complémentaire ne sont éligibles que dans la province où ils sont domiciliés.

» ART. 56 *bis*. — Les sénateurs élus par les conseils provinciaux sont dispensés de toute condition de cens ; ils ne peuvent appartenir à l'assemblée qui les élit ni en avoir fait partie pendant l'année de l'élection ou pendant les deux années antérieures. »

Quant aux considérations à faire valoir, il convient de se reporter à ce qui vient d'être dit pour l'éligibilité à la Chambre.

Toutefois, signalons que certains membres de la commission chargée de faire rapport, au Sénat, au sujet du projet de loi électorale, regrettèrent que la loi n'admît pas d'exception, en faveur des sénateurs provinciaux, à la règle si absolue de l'article 238 du code électoral. La législature, disaient-ils, ne pourrait que gagner à voir arriver au Sénat des magistrats, de hauts fonctionnaires, des militaires d'un rang élevé ou d'autres dignitaires.

L'observation ne manque pas de justesse, mais les objections basées sur l'espèce de dépendance dans laquelle se trouvent presque tous les personnages visés restent debout. Il vaut mieux, semble-t-il, laisser cette question sans solution immédiate, fit remarquer le baron Surmont de Volsberghe, président rapporteur de la commission.

B) *Officiers de réserve.* — En tous points, les officiers de réserve sont légalement assimilés à la généralité des citoyens. Ils ne sont pas, normalement, des salariés de l'Etat, puisqu'ils ne touchent une rémunération que lorsqu'ils sont appelés au service actif. En ce qui concerne l'appel au service actif, en principe, il est réglé en temps de paix en dernier ressort, par le ministre de la guerre qui, seul, a qualité pour dispenser les officiers de réserve de cette obligation. (Loi du 18 avril 1905, A. R. du 16 décembre 1907, n° 16.049 et C. M. du 15 avril 1908, n° 31.) Dans la pratique, les officiers en cause sont pressentis, tous les ans, sur la possibilité de rejoindre leur unité. Il n'empêche qu'un appel sous les armes provoquerait *ipso facto* l'incompatibilité de l'officier. D'autre part, comme les officiers de réserve perçoivent une indemnité de premier équipement, la question de leur éligibilité pourrait être soulevée et devrait, dans ce cas, être tranchée par la Chambre des représentants ou le Sénat.

Enfin, comme, en vertu de la loi ci-dessus (art. 5), les officiers de réserve peuvent recevoir certains avantages pécuniaires, même quand ils ne sont pas présents sous les armes, il suffirait que l'administration de la guerre leur accordât une allocation, si minime soit-elle, pour qu'ils tombassent sous l'application des clauses d'incompatibilité et fussent obligés de démissionner, le congé sans solde n'existant pas pour eux.

Dans la pratique, la question de l'éligibilité des officiers de réserve ne s'est pas encore posée.

8) *Militaires en dessous du grade d'officier*. — Les militaires en dessous du grade d'officier se trouvent dans des conditions analogues à celles qui régissent les officiers, mais ils ne peuvent obtenir de congé sans solde ni démissionner à leur gré.

II. — Assemblées régionales (conseils provinciaux).

Les stipulations relatives au *droit électoral* et à l'usage du droit électoral des officiers de l'armée active, de la réserve et des militaires en dessous du grade d'officier sont identiques à celles prévues pour l'électorat au Sénat, auxquelles il y a donc lieu de se référer (art. 1er de la loi).

Quant à l'*éligibilité*, elle est acquise sous les conditions suivantes :

« ART. 24. — Pour pouvoir être élu et rester conseiller provincial, il faut :

» 1° Être Belge de naissance ou avoir obtenu la grande naturalisation ;

» 2° Être âgé de 25 ans accomplis ;

» 3° Être domicilié dans la province. »

D'autre part, l'article 26, relatif aux incompatibilités provenant de certaines fonctions, ne vise pas les officiers ni les militaires. Ceux-ci peuvent donc, *légalement*, faire partie des conseils provinciaux, *tout en restant en activité de service*. Dans la pratique, les officiers et les militaires n'usent pas de ce droit qui leur appartient cependant sans conteste, mais que les mesures administratives, citées ci-dessus dans la partie relative à la Chambre des représentants, énervent, à tort ou à raison.

III. — Assemblées locales (conseils communaux).

Les mêmes remarques que celles développées pour les conseils provinciaux seraient à reproduire.

Il y a lieu de signaler, cependant :

1° Que l'officier (de l'active ou de la réserve) âgé de 35 ans, marié ou veuf avec descendance légitime et payant annuellement, en contributions, au profit de l'Etat, une somme de 5 à 15 francs suivant la population de la ville qu'il habite, a droit à un quatrième vote, et, de ce chef, cumule le maximum de voix prévu par la loi (art. 2);

2° Que l'âge de l'électorat est 30 ans et que l'on doit être domicilié dans la commune depuis trois ans au moins. La question de durée de domicile est sans influence pour les officiers, dans la pratique.

En ce qui concerne l'éligibilité des militaires de tout grade, celle-ci exige :

« ART. 65. — Pour pouvoir être élu et rester conseiller communal, il faut :

» 1° Être Belge de naissance ou avoir obtenu la grande naturalisation ;

» 2° Être âgé de 25 ans accomplis ;

» 3° Être domicilié dans la commune. »

Mais l'article 68 prescrit que « ne peuvent faire partie des conseils communaux ni être nommés bourgmestres :

» 5° Les militaires et employés militaires appartenant à l'armée, en activité de service ou en disponibilité. »

Comme application de cette prescription, il a été décidé que les miliciens en congé illimité, qui restent à la disposition du Département de la guerre et peuvent être rappelés sous les drapeaux, se trouvent dans la position de disponibilité, aussi longtemps qu'ils n'ont pas accompli leur terme de service. Ils ne peuvent, dès lors, faire partie des conseils communaux (arrêté royal du 5 février 1896).

D'autre part, un arrêté royal du 10 avril 1896 indique que la disposition de l'article 68, 5°, ne vise que la durée générale du service du contingent annuel, fixé à huit années par l'article 2 de la loi sur la milice. C'est ainsi qu'un candidat élu ne pourrait être écarté du conseil communal parce que sa classe de milice pourrait être rappelée à l'activité en temps de guerre (art. 3 de la loi sur la milice).

DANEMARK

La monarchie danoise fut établie en 1660. Le roi avait une puissance illimitée (loi du 14 novembre 1665).

A la suite de la révolution de 1830 et des mouvements qu'elle provoqua en Europe, le roi de Danemark promulgua deux ordonnances, du 28 mai 1831, qui établirent des états provinciaux. Mais ces États n'étaient que des Conseils consultatifs.

En 1848, le mouvement fut plus sérieux, et la royauté se vit obligée de promulguer un rescrit qui décidait la convocation d'États, communs à tous les pays. Le 7 juillet 1848, une loi électorale était promulguée, et l'Assemblée se réunissait en octobre. L'Assemblée vota, le 25 mai 1849, une Constitution qui fut promulguée le 5 juin.

Cette Constitution a été, depuis, profondément modifiée. Une nouvelle Constitution commune fut promulguée le 2 octobre 1855. Celle-ci fut bientôt abrogée et remplacée, le 28 juillet 1866, par une nouvelle Constitution rappelant de très près celle de 1849. Aussi porte-t-elle le titre de « Constitution de 1849 revisée ». Elle en diffère pourtant sur des points essentiels.

La forme du gouvernement est celle d'une monarchie limitée.

Le pouvoir législatif appartient au roi et au Rigsdag concurremment.

Le Rigsdag se compose de deux Chambres : le *Folkething* et le *Landsthing*.

Est électeur pour le Folkething tout homme de bonne réputation ayant l'indigénat (1) et âgé de 30 ans accomplis, à moins : *a*) qu'il ne soit au service d'un particulier, sans avoir de ménage à son compte ; *b*) qu'il ne reçoive ou n'ait reçu des secours de l'assistance publique dont il ne lui ait point été fait remise ou qu'il n'ait point remboursés ; *c*) qu'il n'ait la libre disposition de ses biens ; *d*) qu'il n'ait point eu de domicile fixe, depuis un an, dans la circonscription électorale ou dans la ville où il réside au moment de l'élection.

---

(1) L'indigénat est, en droit danois, la nationalité complète, par opposition à la qualité de sujet danois, qui peut s'acquérir par le domicile et la résidence. La loi actuellement en vigueur sur l'indigénat est celle du 19 mars 1898.

Pour les élections au Landsthing, qui se font à deux degrés, nul ne peut, directement ou indirectement, y prendre part s'il ne remplit les conditions générales exigées pour le droit électoral au Folkething. Toutefois, il suffit d'avoir été domicilié, l'année qui précède l'élection, dans une ville ou dans un district rural appartenant à la circonscription électorale.

Nulle disposition législative n'interdit aux militaires le droit de vote. D'ailleurs, le Danemark tend de plus en plus à une application intégrale du suffrage universel. La loi du 22 août 1908 sur les élections communales a étendu le droit de suffrage à tous ceux qui paient l'impôt direct, y compris les femmes.

Les militaires ont également le droit de se présenter à la députation.

Tout homme, sous les exceptions mentionnées plus haut pour le droit électoral, est éligible au Folkething s'il possède l'indigénat et s'il est âgé de 20 ans accomplis.

Est éligible au Landsthing quiconque est éligible au Folkething, pourvu qu'il ait eu, la dernière année, son domicile dans la circonscription.

L'âge de l'électorat est, ainsi qu'on le voit, plus

élevé que celui de l'éligibilité. En tout cas, le problème des droits politiques de l'armée ne se pose pas pour les soldats qui accomplissent leur service avant 30 ans. Le service dans l'armée active ne dure en effet que huit ans et le service effectif cent soixante-cinq jours dans l'infanterie, deux cents jours dans la cavalerie, un an dans l'artillerie de campagne. Les hommes libérés sont rappelés pour des périodes de vingt-cinq à trente jours pendant leur huit ans de service dans l'armée active, et le problème ne peut se poser qu'à partir de 25 ans pour l'éligibilité.

Il ressort de l'étude de la Constitution et des lois danoises que les militaires sont, en matière de droit électoral, soumis au droit commun.

RUSSIE

Le 18 février/3 mars 1905, dans un rescrit adressé à son ministre de l'intérieur, l'empereur de Russie se déclarait résolu, « avec l'aide de Dieu, à convoquer les hommes les plus dignes, élus par le peuple et jouissant de sa confiance, pour qu'ils participent à l'élaboration préalable et à l'examen des projets de loi ».

M. Boulyguine, ministre de l'intérieur, formula aussitôt un certain nombre de propositions : une commission spéciale, présidée par le tsar, consacra tout l'été de 1905 à les étudier ; et, en particulier, les dispositions relatives aux élections à la future Douma d'empire furent discutées avec le plus grand soin.

Le rôle de la Douma, tel que l'avait primitivement défini le tsar, était purement *consultatif*. Les événements de la fin de 1905 ont profondément modifié cette manière de voir. La Russie possède aujourd'hui sinon un régime parlementaire, du moins un Parlement. Avant d'*étudier les droits politiques actuels des militaires* en Russie, il a paru intéressant de donner ici un aperçu rapide du *rôle* que le gouvernement réservait aux *officiers, sous-officiers et soldats dans le fonctionnement d'une constitution aussi limitée que celle prévue par le rescrit du* 18 *février*/3 *mars* 1905.

Comment serait composé le corps électoral ? Qui aurait le droit de vote ? Qui serait éligible ? Chacun de ces trois points fut examiné en détail par la commission.

En Russie, comme d'ailleurs en beaucoup d'autres pays orientaux, on a tendance a assimiler, pour les droits politiques, les fonctionnaires militaires aux fonctionnaires civils : le port de l'uniforme par ces derniers, la discipline rigoureuse à laquelle ils sont soumis, peuvent expliquer en partie cette assimilation ; bien que la discussion ait souvent porté à la fois sur les uns et les autres, on se bornera ici à considérer le traitement réservé aux militaires.

L'avant-projet établi par M. Boulyguine excluait du corps électoral tous les employés de l'Etat, « civils et militaires ».

La commission ne voulut pas se montrer aussi rigoureuse : elle décida d'examiner les solutions adoptées par les gouvernements de l'Europe occidentale.

En ce qui concerne les sous-officiers et soldats.

la question fut rapidement résolue. Dans la plupart des Etats européens, ceux-ci sont privés de l'exercice du droit de vote : la commission déclara que, « dans l'intérêt de la discipline militaire, les sous-officiers et soldats en activité de service devaient être écartés aussi bien de l'électorat que de l'éligibilité ».

Le problème devenait plus complexe pour les officiers. La commission ne put trouver dans l'examen des Constitutions étrangères d'indications bien définies sur le traitement à accorder aux officiers en activité de service. Tantôt ceux-ci sont exclus de toute participation à la vie politique de leur pays, tantôt ils sont seulement électeurs ou seulement éligibles, tantôt enfin ils jouissent sans restriction de leurs droits de citoyen.

Certains membres de la commission émirent l'opinion que la raison de discipline, invoquée pour les soldats, s'appliquait également aux officiers. La Russie traversait une période d'agitation intense ; il était à prévoir que les élections donneraient lieu à des réunions préparatoires qui seraient des plus tumultueuses : toutes les classes de la population s'y trouveraient réunies, des discours violents y seraient prononcés.

N'allait-on pas engager les officiers dans une voie regrettable ?

M. Witte et le général Trepov estimaient une pareille situation « périlleuse, et ne s'accordant en tout cas nullement avec les conditions d'existence d'un gouvernement monarchique ».

Cependant, la commission ne voulut pas adopter cette manière de voir : tout en reconnaissant la justesse des considérations qui précèdent, certains membres firent remarquer que l'octroi aux officiers de leurs droits politiques n'aurait pas en pratique une large application, un très petit nombre d'entre eux jouissant du cens obligatoire. De plus, le fait de priver les officiers d'un droit que l'on accordait à tout le reste de la nation apparut à la majorité de la commission comme « impossible à justifier au point de vue des principes ». Aussi, la commission *émit un avis favorable au droit de vote des officiers en activité de service.*

En revanche, elle se montra presque unanimement hostile à l'éligibilité des officiers. Elle estimait, en effet, que l'organisation intérieure de la Douma, la conduite probable de ses membres, le ton des discours qui y seraient prononcés seraient peu compatibles avec « les règles et les traditions » des individus revêtus de l'uniforme. Les règles de la hiérarchie militaire pourraient souvent gêner des officiers élus dans l'émission franche et indépendante de leurs opinions. De plus, il semblait difficile de concilier le principe d'inviolabilité des membres de la future Douma avec les règles de la subordination militaire. Comment réprimer les actes d'indiscipline d'un officier-député?

La commission *émit un avis défavorable à l'éligibilité des officiers à la Douma d'empire.*

Dans son rapport ultérieur à l'empereur, M. Boulyguine, examinant la même question, adoptait les conclusions de la commission. Dans l'intérêt de la discipline, il demandait l'inéligibilité pour les officiers en service actif, et insérait cette disposition à l'article 128 de son projet de loi électorale. Mais il concluait nettement en faveur du droit de vote des officiers : « *Il n'y a aucune raison, écrivait-il, pour admettre que les autorités militaires pourront influencer leurs subordonnés en vue des élections, non plus que pour supposer que le vote des militaires puisse gêner en quoi que ce soit celui des autres classes de la population.* »

Malgré l'avis de la commission et les propositions du ministre de l'intérieur, des dispositions beaucoup moins libérales pour les officiers furent insérées, comme nous le verrons, dans les lois électorales qui allaient se succéder en 1906 et 1907.

Après six mois employés par une commission spéciale en discussions interminables, le 6/19 août 1905, un manifeste du tsar annonçait au peuple russe la convocation, pour le milieu de janvier 1906 au plus tard, d'une Douma d'empire délibérante et consultative, mais non point législative; une loi constitutive de la Douma et une loi électorale accompagnaient le manifeste.

L'une et l'autre soulevèrent un mécontentement général. L'opposition au gouvernement se montra plus agissante, plus violente. M. Witte, nommé chef du gouvernement, aussitôt après la signature du traité de Portsmouth, dut faire face au plus formidable mouvement de grève générale qui se soit jamais produit en aucun temps et en aucun pays. L'autocratie fut acculée à une capitulation, et le manifeste du 17/30 octobre 1905 concéda la Douma législative, l'extension du droit électoral, la liberté individuelle, etc. La loi électorale du mois d'août fut modifiée en décembre de la même année : elle le fut de nouveau après la dissolution de la première Douma en 1906; enfin elle reçut sa forme actuelle et définitive le 3/16 juin 1907.

Les dispositions concernant les militaires se retrouvent sans changements dans chacune de ces lois. Il est utile, avant de les étudier, de rappeler que la commission spéciale, et le ministre de l'intérieur lui-même, M. Boulyguine, après une longue discusssion, *avaient émis un avis favorable au droit de vote des officiers des armées de terre et de mer en activité de service, mais un avis défavorable à l'éligibilité des officiers à la Douma d'empire.*

Comme on va pouvoir s'en rendre compte, les mesures adoptées définitivement sont beaucoup plus restrictives. A quel motif attribuer cette décision du tsar ? A défaut de document probant, il est permis de supposer que l'hostilité de M. Witte à cette mesure n'a pas été étrangère à cette décision. Peut-être aussi faut-il en attribuer la cause aux incidents révolutionnaires qui se multipliaient chaque jour en 1905-1906 dans les milieux militaires, et dont on pouvait craindre une aggravation si l'armée participait aux élections. Enfin, peut-être aussi fit-on valoir auprès du souverain cet argument curieux, que nous verrons plus tard M. Witte retourner d'une façon si ingénieuse, à savoir que, les mesures législatives des ministères de la guerre et de la marine échappant à la compétence de ces deux Assemblées et étant soumises à la décision directe de l'empereur, la présence d'officiers à la Douma d'empire ne présentait aucun avantage.

D'après la Constitution de 1906, le pouvoir suprême autocratique appartient à l'empereur qui exerce le pouvoir législatif d'accord avec le Conseil de l'empire et la Douma d'empire.

Le Conseil de l'empire se compose de membres nommés par l'empereur et de membres élus pour neuf ans, renouvelables par tiers tous les trois ans. Le total des membres nommés ne peut excéder le total des membres élus (98 au maximum.)

La Douma d'empire se compose de membres élus (442 d'après la loi de 1907) par toute la population de l'empire, pour une durée de cinq ans.

En ce qui concerne le Conseil de l'empire, on s'occupera ici seulement des membres élus, car il est indéniable que le tsar peut exercer son choix sur les hauts dignitaires de l'armée.

Les membres élus du Conseil de l'empire sont désignés par différents groupes électoraux représentant soit des régions, soit des intérêts moraux (ecclésiastiques ou scientifiques), soit des intérêts matériels (nobiliaires ou économiques). L'élément militaire ne peut guère se rencontrer et ne se rencontre, en fait, que dans les groupes électoraux nobiliaires.

Les assemblées de noblesse élisent dans chaque gouvernement ou district où se font des élections de la noblesse deux délégués pris dans leur sein. Ceux-ci se réunissent à Pétersbourg pour élire parmi eux 18 conseillers. Les militaires appartenant à ces assemblées par leur rang jouissent des mêmes droits que les autres membres. Il faut cependant noter ici qu'il ne suffit pas d'être noble pour participer à l'élection : il faut posséder la noblesse *héréditaire* (qui s'acquiert dans l'armée par le grade de colonel) et satisfaire au cens immobilier.

Pour être éligible au Conseil de l'empire, il faut avoir 40 ans et être sorti d'un établissement d'enseignement secondaire. Les militaires en activité de service jouissant de l'électorat sont parfaitement éligibles.

Il est impossible et d'ailleurs inutile de donner ici un aperçu, même succinct, de la loi électorale de la Douma qui est une des plus compliquées qui existe. La situation des militaires y est nettement définie : les militaires de tous grades ne peuvent prendre part aux élections à la Douma. Toutefois, les officiers et soldats satisfaisant au cens immobilier peuvent transmettre à leur fils leur droit électoral. La loi leur refuse le droit de vote, mais leur permet de voter par procuration ; il faut signaler, d'ailleurs, que l'oukase du 12/25 octobre 1905, fixant les conditions dans lesquelles pouvaient être tenues les réunions publiques préparatoires aux élections de 1905, interdit seulement aux sous-officiers et aux soldats d'assister à ces réunions, mais ne fait pas mention des officiers.

Au point de vue de l'éligibilté, les officiers sont frappés d'incapacité complète, et l'article 18 du statut de la Douma stipule que tout membre de cette Assemblée appelé à un service militaire actif cesse aussitôt d'en faire partie.

Le gouvernement russe a su tirer de ce fait des conclusions inattendues. En juin 1908, des crédits ayant été demandés à la Douma pour la construction de quatre nouveaux cuirassés, celle-ci, pour des raisons d'organisation militaire, refusa les crédits. Des doutes s'élevèrent sur la régularité d'un tel vote, et le député Viaziguine déclara que c'était une usurpation manifeste sur les prérogatives de l'empereur. Le comte Witte, le 13 juin, au Conseil de l'empire, exprimait cet argument typique, *que la Douma était incapable de s'occuper de questions purement militaires, les membres de l'armée se trouvant exclus des opérations électorales et n'ayant aucun porte-parole dans l'Assemblée !* Par suite, la Douma ne pouvait rejeter ces crédits qu'en s'appuyant sur des motifs budgétaires.

En résumé, en Russie, l'officier qui remplit les conditions exigées par les lois est *électeur et éligible au Conseil de l'empire;* dans les mêmes conditions, *il peut voter par procuration pour la Douma d'empire, mais est inéligible à cette Assemblée.*

SAXE

La Constitution du royaume de Saxe porte la date du 4 septembre 1831. La loi électorale actuellement en vigueur est celle du 28 mars 1896.

La Saxe est une monarchie constitutionnelle.

Le pouvoir exécutif est exercé par le roi, assisté de ministres responsables devant les Chambres.

Le pouvoir exécutif est exercé par une Assemblée des Etats divisée en deux Chambres. La première Chambre est composée des princes de la famille royale, de membres de droit, de membres élus et de membres nommés à vie par le roi. Parmi les membres élus, on remarque, par exemple, douze députés nommés à vie par les propriétaires de biens équestres et d'autres grands domaines ruraux. Aucune disposition législative n'empêche les militaires de faire partie de la première Chambre, soit qu'ils y aient droit à titre héréditaire, soit qu'ils y aient été appelés par le roi, soit enfin qu'ils y aient été élus. Aucune disposition ne les empêche également de prendre part, le cas échéant, aux élections à cette haute Assemblée.

La seconde Chambre se compose de 37 **députés** des villes et de 45 députés des cercles ruraux, élus pour six ans et renouvelables par tiers. La loi électorale du 28 mars 1896 a établi le suffrage à deux degrés et le système prussien de l'élection des délégués par trois catégories d'électeurs censitaires. Sont électeurs primaires, les Saxons âgés de 25 ans, ayant six mois de domicile et payant un impôt foncier ou un impôt sur le revenu. Pour être éligible, il faut avoir 30 ans et satisfaire à un cens de 30 marks. L'article 75 de la loi stipule que, « si un fonctionnaire de l'État est élu député ou suppléant dans l'une des deux Chambres, il doit en aviser son supérieur hiérarchique, pour que ce dernier apprécie s'il y a lieu d'approuver l'élection et, le cas échéant, d'assurer temporairement le service dirigé par ce fonctionnaire. L'approbation ne peut se refuser, à moins de raison grave de service dont connaissance doit être donnée aux États. Cette disposition est applicable à tous les fonctionnaires, aux ecclésiastiques, aux professeurs et *aux militaires* ». Les militaires sont donc éligibles et aucun texte ne semble leur enlever le droit de suffrage quand ils satisfont aux conditions d'âge ou autres fixées par la loi électorale.

WURTEMBERG

La Constitution wurtembergeoise porte la date
du 25 septembre 1819, mais elle a subi d'importantes modifications en 1848, 1868, 1874, 1876 et
surtout en 1906.

Le Wurtemberg constitue une monarchie constitutionnelle.

Le roi exerce le pouvoir exécutif, assisté du
Conseil des ministres et du Conseil privé.

Le pouvoir législatif est exercé par l'Assemblée
des Etats (Landtag). Ceux-ci sont divisés en deux
Chambres.

La première comprend actuellement 51 membres, dont quatre princes de la maison royale,
vingt chefs de la noblesse immédiate (qui peuvent être militaires) et vingt-sept membres nommés par le roi ou par droit héréditaire ou élus
par des corporations ecclésiastiques, universi-
taires ou économiques. Aucune disposition n'empêche les militaires de faire partie de cette
Assemblée.

La deuxième Chambre comprend soixante-trois

députés de bailliage, six députés de ville et dix-sept députés de deux cercles électoraux.

Pour être électeur, il faut avoir 25 ans et jouir des droits du citoyen wurtembergeois.

Pour être éligible, il faut de plus avoir un domicile dans le royaume. La seule restriction concernant les militaires qui soit inscrite dans la loi est celle qui interdit aux *soldats* présents sous les drapeaux de prendre part au scrutin.

ANGLETERRE

Le peuple anglais est essentiellement traditionnaliste. Depuis des temps reculés, il a joui des libertés politiques essentielles assurées par le jeu du régime parlementaire. L'Angleterre ne possède pas, à vrai dire, de Constitution : la coutume et la tradition y servent de loi. Les Anglais n'ont jamais éprouvé le besoin d'enfermer les principes politiques dans le cadre d'un acte solennel. Sans doute, il existe certains monuments célèbres qui ont consigné les mœurs politiques du pays, tels la grande charte de 1225, la pétition des droits, le Bill des droits, *l'Act of Settlement* : ils ne font que confirmer les libertés existantes, affirmer pour ainsi dire leur vitalité.

L'étude des mœurs politiques britanniques est donc particulièrement délicate. Leurs sources sont, en effet, dans la coutume ; il n'y a pas, à vrai dire, de loi écrite. Nous ne saurions, dans ce cadre restreint, donner un aperçu complet. Nous renvoyons les lecteurs à l'ouvrage de sir William Anson : *Loi et pratique constitutionnelles de l'Angleterre.*

L'armée.

9

Le pouvoir législatif est exercé par le roi et les deux Chambres, la Chambre haute (lords) et la Chambre basse (communes).

La Chambre des lords est composée des représentants de la noblesse du Royaume-Uni, de 16 membres élus par la noblesse écossaise, 28 par la noblesse irlandaise, 25 prélats de l'église nationale, lords *of appeal in ordinary*.

Les officiers peuvent faire partie de la Chambre haute s'ils ont, par ailleurs, les titres voulus.

La Chambre des communes est composée des représentants de la nation élus au suffrage restreint.

Le droit de voter pour envoyer des députés à la Chambre des communes s'appelle « franchise ».

Sauf dans certains cas peu nombreux, vestiges du passé, la possession de la franchise dépend de certaines conditions relatives à la propriété, à l'occupation, à la résidence. La franchise repose aujourd'hui principalement sur les dispositions du *représentation of the people act* de 1884. Mais cet acte comprend divers *statutes* anciens et demande à être lu en connexion avec eux. Les règles relatives aux droits électoraux se trouvent toujours dans les clauses de divers *statutes*, dont certains subsistent et doivent être considérés comme des compléments de l'*act* et dont certains autres ont été abrogés et se sont fondus dans ce même *act*.

Les *franchises* peuvent être groupées sous trois chefs généraux : propriétés, occupations, résidence. Les principales franchises basées sur la propriété sont *freehold* d'un revenu annuel net de 40 shillings ou de 5 livres, suivant la nature ou l'origine du bien, *copyhold* ou toute *tenure* autre que le *freehold* du prix annuel net de 5 livres, *leasehold* de 5 livres, ou 50 livres, suivant la durée du bail.

En ce qui touche l'occupation, la franchise est uniformément reconnue à quiconque occupe, pendant les douze mois qui précèdent l'inscription au registre comme propriétaire ou *tenant* une terre ou tènement d'un revenu de 10 livres situé dans le comté.

Enfin, pour la résidence, la *household franchise* est concédée à quiconque occupe comme propriétaire ou comme *tenant* ou en vertu d'une fonction, d'un emploi ou d'un service, une maison d'habitation ou une partie de maison séparément habitée qui a été imposée et pour laquelle les taxes doivent avoir été payées à certaines dates de l'année. Il n'est d'ailleurs pas utile d'habiter effectivement pendant tous les jours de l'année ; mais, lorsqu'il y a résidence effective discontinue, il faut qu'il y ait présomption d'habitation, ce qui implique intention de revenir après une absence temporaire et pouvoir de revenir à toute date sans violation d'une obligation légale.

« *C'est parce qu'il ne remplit pas ces conditions qu'un soldat qui habite des quartiers qu'il est obligé de quitter de temps en temps pour des raisons de service ne jouit pas de la* household franchise ; *mais, s'il possède les franchises basées sur la propriété ou l'occupation, il a droit de vote.* Cela ressort d'ailleurs des *statutes* 10 et 11 Victoria, qui disent que, « pendant tout le jour qui a été fixé pour la désignation ou l'élection ou le scrutin, aucun soldat ne peut, dans un rayon de deux milles autour de tout endroit où a lieu la désignation, l'élection ou le scrutin, sortir des casernes pour d'autres motifs que relever la garde ou *aller voter.* »

De cette analyse, il ressort que le fait d'être militaire n'influe en rien en Angleterre sur les droits électoraux.

Les militaires ont-ils accès aux Chambres des lords et des communes ?

La question est aussi complexe que celle du

droit électoral. L'Angleterre, nous le répétons à dessein, est un peuple essentiellement traditionnaliste et n'a point de Constitution écrite. La loi, c'est la coutume. Quelques *statutes* de la Couronne en précisent parfois les conditions d'application.

La Chambre des lords est composée :

1° Des pairs héréditaires du Royaume-Uni ;

2° Des pairs héréditaires qui ne sont pas lords héréditaires du Parlement, c'est-à-dire : *a*) les 16 pairs représentatifs d'Ecosse, élus pour chaque Parlement ; *b*) les 28 pairs représentatifs d'Irlande, élus à vie ;

3° Des pairs qui sont lords du Parlement à vie, mais qui ne transmettent pas leurs droits à leurs héritiers, c'est-à-dire : *a*) les 26 pairs spirituels ; *b*) les lords d'appel.

Rien, dans la coutume anglaise, ne s'oppose à ce qu'un pair qui aurait accepté une commission dans l'armée exerce son droit à la pairie et son droit (distinct du précédent) de siéger et de voter à la Chambre des lords. Le droit à la pairie héréditaire est un apanage de la famille et ne dépend en rien des fonctions exercées par son titulaire. Pour les pairs représentatifs, rien ne s'oppose non plus, en principe, à ce qu'ils soient investis d'une commission militaire. Les lords spirituels et les lords d'appel constituent des catégories à part.

Le fait d'être militaire ne porte donc aucune atteinte aux droits à la pairie, au droit de siéger et de voter à la Chambre des lords.

Les militaires peuvent-ils être élus à la Chambre des communes?

La question de l'éligibilité à la Chambre des communes est en grande partie régie par l'*Act of Settlement* de 1700 et par les *statutes* 4 et 6 de la reine Anne immédiatement postérieurs. Ce dernier *statute* dispose que nul ne sera éligible qui aura accepté de la Couronne une fonction nouvelle quelconque créée depuis le 25 octobre 1705; en second lieu, que ceux qui remplissent certaines fonctions déterminées sont inéligibles; en troisième lieu, que l'inéligibilité atteindra aussi les personnes recevant de la Couronne une pension dont la Couronne règle à son gré la durée.

L'article 25 dispose que l'acceptation de fonctions rémunérées dépendant de la Couronne, par un membre de la Chambre des communes, annulera son élection.

L'article 27 du statute soustrait à la règle posée les commissions dans l'armée et la marine.

Depuis l'*act* de la reine Anne, beaucoup de *statutes* ont été promulgués qui attachent à des fonctions anciennes et nouvelles l'inéligibilité partielle de l'article 25.

Il y a pourtant des fonctions qui se rattachent à diverses branches de l'administration et dont l'acceptation n'entraîne cependant ni l'inéligibilité ni la nécessité d'une réélection.

Telles sont, entre autres, en vertu de statutes spéciaux, les commissions dans la milice.

Comme on le voit par cette analyse trop succincte de la coutume anglaise, le fait d'être militaire n'exclut en rien les droits électoraux. Tout comme les autres citoyens, les militaires votent s'ils remplissent les exigences formulées par le droit coutumier ou statutaire.

De même, le fait d'être militaire n'est en rien un obstacle à l'éligibilité aux deux Chambres, et les dernières élections à la Chambre des communes ont envoyé siéger à cette Assemblée 65 officiers.

L'Angleterre a adopté sur cette importante question la solution la plus libérale. Sans doute les exigences de la défense nationale sur terre ne sont pas les mêmes que pour les puissances continentales ; mais la marine anglaise tient l'empire des mers, et les raisons de discipline y sont impérieuses.

La coutume libérale de ce grand pays mérite donc qu'on y prête la plus grande attention.

AUTRICHE

Longtemps, les provinces autrichiennes ont eu des Constitutions particulières. Peu à peu, celles-ci sont tombées en désuétude. Aujourd'hui, elles ont fait place à un système de centralisation absorbante.

Le premier essai d'une représentation commune de tous les pays autrichiens date de 1848. A cette époque, le gouvernement, cédant à la poussée formidable des principes nouveaux, voulut, par la Constitution octroyée le 4 mars 1849, confier le pouvoir législatif en partie aux Landtags provinciaux et en partie à un Reichsrat commun à tous les pays de la monarchie. Cette Constitution ne fut jamais appliquée.

Bientôt s'ouvrit l'ère des réformes durables. Le « diplôme » impérial du 20 octobre 1860 annonça que les Landtags provinciaux seraient rétablis et qu'un Parlement commun à toute la monarchie allait être créé. La patente du 26 février 1861 régla la représentation de l'Empire au Reichsrat.

Le compromis signé en 1867 entre l'Autriche

et la Hongrie modifia la Constitution de l'Empire. L'Autriche et la Hongrie allaient vivre désormais sous le régime du dualisme. Les provinces héréditaires, sous le nom de Cisleithanie, allaient former l'Empire d'Autriche proprement dit. Les lois fondamentales de cet Empire furent votées peu de temps après cet événement considérable.

La représentation commune des royaumes de Dalmatie, de Bohême, de Galicie et de Lodomerie avec le grand-duché de Cracovie, de l'archiduché d'Autriche au-dessous et au-dessus de l'Enns, les duchés de Salzbourg, de Styrie, etc., etc., s'exerce par le Reichsrat.

Le Reichsrat se compose de la Chambre des seigneurs et de la Chambre des députés.

A la Chambre des seigneurs siègent :

1° Par droit de naissance, les princes majeurs de la famille impériale ;

2° Par droit héréditaire, les chefs majeurs des familles de la noblesse indigène, qui possèdent d'importantes propriétés foncières dans les royaumes et pays représentés au Reichsrat et auxquels l'empereur confère héréditairement cette dignité ;

3° Certains prélats ;

4° Des hommes éminents qu'en vertu d'un

pouvoir exprès l'empereur a droit d'appeler à la Chambre des seigneurs à raison des services signalés qu'ils ont rendus à l'Etat, à l'Eglise, aux sciences et aux arts.

Aucune disposition législative n'interdit aux militaires l'accès de la Chambre des seigneurs, s'ils y ont droit en vertu de leur naissance, de leur droit héréditaire ou de leur mérite personnel.

La Chambre des députés se compose de 516 membres élus.

Le droit électou. ' est régi par la loi du 26 janvier 1907. Elle est catégorique en ce qui concerne le droit électoral des militaires. Voici en effet en quels termes s'exprime l'article 7 de cette loi : « Les officiers, aumôniers militaires, gagistes non gradés et autres personnes appartenant à l'armée ou à la gendarmerie, en service actif permanent ou temporaire — y compris les permissionnaires temporaires — ne peuvent ni voter, ni être élus. Sont également inéligibles, outre les susnommés, tous les employés attachés à l'armée en service actif permanent ou temporaire. Toutefois, l'inéligibilité ne s'étend pas aux personnes appartenant à l'armée qui ne sont au service actif que pendant la période pour laquelle la loi les astreint à des exercices militaires ou de service. »

Ainsi, en Autriche, l'armée ne peut pas prendre part aux luttes politiques du pays. Il s'agit en effet ici, d'une question de vie pour l'Empire. Les questions politiques sont dominées surtout par les questions de races : Pangermanistes, Allemands, Tchèques, Polonais, Juifs, Hongrois, Croates, Italiens, etc., luttent avec une âpreté sauvage pour conserver leur nationalité. Ces peuples, unis par une communauté d'intérêts et par les nécessités économiques, supportent avec impatience les inconvénients d'une telle Constitution. Seule, l'armée permet la confiance dans l'avenir, à condition qu'elle soit tenue à l'écart de ces querelles qui se traduisent souvent par des mouvements violents.

Il ne faut pas oublier que l'armée autrichienne est composée de trois armées distinctes :

1° L'armée commune impériale et royale ;

2° La landwehr impériale, royale, cisleithane avec son landsturm ;

3° La landwehr hongroise, avec son landsturm ou armée honved.

. Or, dans l'armée commune, les recrues prêtent serment à l'empereur en cinq langues différenles. Que serait-ce si les questions politiques venaient encore compliquer les difficultés de tout genre que présente un pareil contingent ?

On a su y remédier de la manière la plus heureuse, en *unifiant* les officiers, qui, pris presque tous très jeunes dans les écoles de cadets *communes*, comprennent la nécessité de se maintenir à l'écart de la politique : ils constituent ainsi, en même temps qu'un des corps d'officiers les plus distingués de l'Europe, le plus ferme appui de l'Empire austro-hongrois.

Toutefois, il est nécessaire de rappeler que les officiers participent activement au travail législatif : l'étranger qui pénètre au Heerenhaus est frappé par le grand nombre d'uniformes militaires qu'on remarque parmi les membres de cette haute Assemblée : toute loi militaire sera donc là tout au moins étudiée et votée par des personnalités compétentes.

HONGRIE

La Hongrie n'a pas, à vrai dire, de Constitution. Son histoire politique présente de nombreuses analogies avec celle de l'Angleterre. La tradition et la coutume y jouent un rôle aussi important.

Dès le commencement du XIII° siècle, les droits et garanties des Hongrois ont été consignés dans une charte célèbre, la bulle d'or du roi André de 1222. Elle n'est postérieure que de sept ans à la grande charte anglaise de 1215. Cette bulle d'or est restée le fondement du droit politique hongrois.

Le temps, les grands événements européens, ont provoqué des modifications et des retouches à l'édifice premier.

La Hongrie est restée longtemps une province de l'empire des Habsbourgs. Cette soumission imposée par la force ne fut jamais consentie. La Révolution française, en semant à travers l'Europe les principes nouveaux, réveilla le sentiment national hongrois. Mais l'heure n'était pas venue des réalisations. Le feu couvait sous les cendres. Tout à coup, en 1848, l'incendie se déchaîna avec rage. La Diète vota des réformes constitutionnelles, la Hongrie se déclara indépendante et le gouvernement républicain y fut instauré.

L'Autriche dut renoncer à ses tentatives traditionnelles d'unification. L'empereur François-Joseph réunit, le 10 décembre 1865, une Diète qui fut chargée de préparer le rétablissement de la Constitution nationale. Une série de lois fut votée réglant à la fois, la Constitution de la Hongrie et les rapports de ce pays avec les autres États de l'empire, suivant le système qu'on a appelé le « dualisme ». Ces lois n'ont pas créé de Constitution, car les lois antérieures n'ont jamais cessé d'être en vigueur.

Il y a deux Chambres en Hongrie : la Chambre des *magnats* et la Chambre des députés.

La composition de la Chambre des magnats est réglée par la loi de 1885.

Sont membres de cette Chambre tous ceux qui ont droit de siège et de vote à cette Chambre : *a*) par droit héréditaire; *b*) en raison de la dignité ou de la fonction dont ils sont revêtus; *c*) du fait de leur nomination par S. M. le roi;

d) en vertu de leur élection par la Diète de Croatie-Slavonie aux termes de la loi 15 de 1885.

Nous n'entrerons pas dans l'examen détaillé de ces diverses catégories. La fortune, le mérite, exceptionnel, la dignité de la fonction, le bon plaisir du roi confèrent le droit de siéger à la Chambre des magnats.

Les militaires n'en sont point exclus. En effet, l'article 6 de la loi 7 de 1885 dit :

« *Le fait de remplir effectivement soit un service militaire*, soit une fonction ou dignité civile ou ecclésiastique ou d'y être nommé *ne fait pas obstacle à l'exercice du droit existant d'ailleurs de siéger à la Chambre des magnats ou d'en devenir membre héréditaire ou à vie.* »

Les militaires ont donc accès à la Chambre haute en Hongrie.

Il est bon de faire remarquer que par analogie avec cette disposition, l'article 6 de la loi croate du 29 septembre 1888 stipule que « les fonctions *militaires*, civiles et ecclésiastiques n'apportent aucun obstacle à l'exercice du droit personnel de siéger à la Diète de Croatie ».

Quant à la Chambre des députés, la loi du 26 novembre 1874 sur les élections parlementaires fixe le droit électoral et l'éligibilité.

Les militaires ont-ils le droit électoral ?

L'article 11 de cette loi s'exprime ainsi :

« Les soldats, marins ou honvéds du service actif, lors même qu'ils seraient en congé, les gendarmes, le personnel subalterne de la garde financière des impôts et des douanes, de la police générale, départementale ou communale, ne peuvent pas exercer le droit électoral et par conséquent ne doivent pas être inscrits sur les listes électorales. »

Donc, les officiers hongrois ont le droit d'être inscrits sur les listes électorales ; ceux qui font partie de l'armée commune à toute la monarchie autrichienne sont soumis à la loi autrichienne, qui, nous l'avons vu, interdit aux militaires en général le droit de vote et d'éligibilité. Quant aux officiers qui font partie de l'armée hongroise, de la *honvéd*, une disposition spéciale de la législation hongroise leur enlève leurs droits politiques. Le ministre de la défense nationale (de la *honvéd*), qui appartient au gouvernement hongrois, a la possibilité de briguer le mandat de député, car pour remplir sa fonction il doit être placé en disponibilité : c'est le seul cas permettant à un officier en activité de faire partie de la Chambre des députés. Il s'est souvent rencontré d'ailleurs dans l'histoire parlementaire de la Hongrie.

Ainsi qu'on le voit, en Autriche-Hongrie, les droits politiques des militaires ont subi des atteintes profondes. Cela tient, nous l'avons déjà dit. à la situation toute particulière de ce pays où toutes les questions politiques se traduisent par des luttes de races. L'armée doit être mise à l'écart, sous peine de se désagréger.

Toutefois, les militaires, tant en Autriche qu'en Hongrie, ont accès aux *Chambres hautes*. La plupart des grands chefs de l'armée participent de ce fait à la législation du pays.

ITALIE

Le statut fondamental du royaume de Sardai-
gne du 4 mars 1848 forme encore aujourd'hui la
Constitution du royaume d'Italie. L'Etat italien
est régi par un gouvernement monarchique et
représentatif. Le pouvoir législatif est exercé collectivement par le roi et par deux Chambres : le
Sénat et la Chambre des députés.

Quel rôle jouent les militaires dans la nation
légale et dans les assemblées délibérantes?

Le Sénat, tout d'abord, est composé de membres nommés à vie par le roi en nombre illimité.
Ils doivent avoir atteint au moins l'âge de 40 ans;
ils sont choisis dans certaines catégories de
citoyens. Les officiers généraux de terre et de
mer constituent une de ces catégories. Toutefois,
pour faire partie du Sénat, les majors généraux
et les contre-amiraux doivent avoir au moins
cinq ans de grade en activité.

Il y avait, en 1908, 345 sénateurs, parmi lesquels on comptait : un vice-amiral ministre de la
marine, quatre généraux-lieutenants commandant de corps d'armée (les Ier, IVe, VIe et IXe),

le général chef d'état-major de l'armée, un général ministre de la guerre, un général-lieutenant en position auxiliaire, un général-lieutenant : au total, huit officiers généraux.

La Chambre des députés est élective. Elle est composée de députés élus pour cinq ans par les collèges électoraux.

La loi politique électorale actuellement en vigueur a été promulguée en un texte unique, le 28 mars 1895, et modifiée les 5 décembre 1897, 7 avril 1898 et 19 mai 1901.

Pour être électeur, il faut être citoyen italien, avoir accompli sa 21ᵉ année, savoir lire et écrire, et remplir, en outre, une des conditions spécifiées à l'article 2 de la loi électorale ; le paragraphe 5 de cet article 2 *classe parmi les électeurs tous ceux qui ont accompli au moins deux années de service militaire actif* et qui ont une instruction correspondante à celle qui se donne dans les écoles régimentaires. L'attestation du chef de corps est donnée en même temps que la feuille de libération. Le paragraphe 9 du même article spécifie que les *officiers et sous-officiers* en *activité de service* et ceux qui ont quitté l'armée avec ce grade *sont électeurs ;* toutefois, les *sous-officiers et soldats ne peuvent exercer leurs droits politiques tant qu'ils sont sous les drapeaux.*

L'article 56 interdit à tout militaire en armes l'accès des salles de vote.

Donc, en réalité, dans l'armée italienne *seuls les officiers votent;* mais *tous votent,* à l'unique condition de dépouiller leur uniforme.

Sont-ils éligibles ?

Les fonctionnaires et employés touchant un traitement de l'Etat ne sont pas éligibles, à l'exception de certaines catégories parmi lesquelles *les officiers généraux et supérieurs de terre et de mer.* Ceux-ci ne peuvent être élus dans les districts électoraux dans lesquels ils exercent actuellement ou ont exercé les fonctions de leur grade six mois avant l'élection. Les officiers députés ne peuvent recevoir, sauf en temps de guerre, d'autre avancement que celui qui est rigoureusement déterminé par l'ancienneté.

Ainsi qu'on le voit par cette rapide analyse, les officiers généraux ont seuls accès au Sénat.

Pour la Chambre des députés, tous les officiers sont électeurs. Seuls les officiers supérieurs et généraux sont éligibles.

Les officiers ne sont donc pas exclus des collèges électoraux, ni des Chambres. Ils y apportent, au contraire, l'appoint de toute leur expérience et de leurs connaissances techniques. Les officiers sénateurs ou députés sont, devant les Chambres italiennes, les porte-voix de leurs camarades et les défenseurs naturels et éclairés de tous les intérêts de la défense nationale.

JAPON

En 1867, le mikado Moutsouhito prêtait serment et s'engageait à « gouverner d'accord avec l'opinion publique et la délibération populaire ». Cette promesse était le germe d'un remaniement profond dans les institutions du pays.

En 1868, un Parlement composé de 276 membres de la noblesse feudataire fut convoqué à Yédo. Cette Assemblée, hostile aux mouvements de l'opinion, fut dissoute. Le Japon vivait encore sous le régime féodal, mais celui-ci était devenu si impopulaire qu'il ne tarda pas à être renversé. Un Sénat consultatif fut appelé en 1872. En 1875, les fonctionnaires des provinces furent convoqués à Tokio par l'empereur qui désirait s'enquérir des sentiments du peuple et consulter l'intérêt public et, en même temps, il annonçait son désir de doter son pays d'une Constitution. On commença après maintes difficultés à organiser la représentation municipale et provinciale. Ces corps représentatifs devaient servir de base à la Constitution.

Le 12 octobre 1881, l'empereur publia un nouveau rescrit par lequel il annonçait pour l'année 1890 la création d'un véritable Parlement. La nouvelle Constitution de l'empire japonais fut solennellement promulguée le 11 février 1889. En même temps que la Constitution ont été promulgués les textes organiques suivants : 1° l'ordonnance impériale concernant la Chambre des pairs; 2° la loi sur les Chambres; 3° la loi sur l'élection des membres de la Chambre des représentants, modifiée en mars 1900 et en 1908.

Le Parlement impérial est composé de deux Chambres : une Chambre des pairs et une Chambre des représentants.

La Chambre des pairs, en vertu de l'ordonnance impériale concernant la Chambre des pairs, promulguée le même jour que la Constitution, doit comprendre des membres de droit et des membres élus. Dans le premier groupe figurent : 1° les membres mâles et majeurs de la famille impériale; 2° les princes et marquis âgés de 25 ans. Dans le second, nous trouvons : 1° les comtes, vicomtes et barons élus pour sept ans par tout ordre respectif; 2° les hommes éminents choisis par l'empereur (membres à vie); 3° les membres désignés par et parmi les quinze plus imposés de chaque département pour sept ans, sauf ratification de ce choix par l'empereur.

Dans les treize articles qui composent cette ordonnance et dans l'article 34 de la Constitution relatif à la Chambre des pairs, aucune disposition n'interdit aux militaires l'accès de la Chambre des pairs pour la seule raison qu'ils sont militaires.

La Chambre des représentants est composée de membres élus par le peuple, conformément aux dispositions de la loi électorale.

Cette loi électorale, votée en même temps que la Constitution et modifiée depuis en 1898 et 1908, déclare, que, pour avoir la qualité d'électeur, il faut : 1° être Japonais ; 2° avoir 25 ans ; 3° résider dans le département depuis un an ; 4° y payer depuis un an un minimum de 15 yen d'impôt direct. Les mêmes conditions sont exigées des éligibles, moins la troisième.

Sont inéligibles partout les fonctionnaires du ministère de la maison impériale, les officiers de justice, de police ou de finance et les prêtres ; sont inéligibles dans le ressort de leur circonscription les fonctionnaires départementaux et, quand ils se sont occupés d'une élection, les fonctionnaires municipaux (art. 9-12). Ne peuvent prendre part à l'élection ni être élus : les fous, les banqueroutiers, les gens privés de leurs droits civiques, ceux qui sont détenus par suite d'une poursuite criminelle, les *soldats* et les *marins en activité* (art. 14-17).

Nous avons voulu savoir si, par ces termes, *soldats* et *marins*, la loi entendait seulement désigner les hommes de troupe. De notre enquête, il résulte (mais nous ne pouvons donner de caractère authentique à cette information) que la Constitution a voulu désigner par ces termes tous les militaires sans distinction, officiers, sous-officiers et soldats.

Il résulterait de cela que les militaires sont exclus de tout droit de vote pour la Chambre des représentants. Leur droit reste entier pour la Chambre des pairs s'ils possèdent par ailleurs les conditions requises.

Il est probable que c'est l'exemple de la France qui a dicté les dispositions ci-dessus, car on sait l'influence qu'ont eue les commissions françaises envoyées au Japon pour réformer l'armée.

Il convient d'ajouter que la question a moins d'importance que dans la plupart des pays européens, car le Japon ne vit pas sous le régime parlementaire. L'empereur, chef de l'empire, réunit dans sa personne tous les droits de souveraineté. Il exerce le pouvoir législatif avec l'assentiment du Parlement impérial. Il sanctionne les lois et veille à leur promulgation. C'est lui qui ouvre le Parlement, le clôt, le proroge et dissout la Chambre des représentants. La durée des sessions est de trois mois et, dans l'intervalle des sessions, l'empereur rend des ordonnances qui ont force de loi. L'empereur détermine l'organisation de l'armée et de la marine, fixe leur effectif. Il déclare la guerre, fait la paix et conclut les traités.

PORTUGAL (1)

La Charte octroyée en 1826, à la mort de Jean VI, par son fils dom Pedro, empereur du Brésil, et remise définitivement en vigueur le 10 février 1842, est restée jusqu'à ces temps derniers la loi fondamentale du Portugal. Elle fut revisée plusieurs fois et principalement en 1885 où fut votée une loi constitutionnelle qui modifia 10 articles de la Charte.

Depuis trente ans, la Constitution portugaise avait subi de véritables éclipses. Presque tous les ministères ont eu recours à la promulgation de lois par décrets, et la plus grande par-

(1) L'étude ci-après a paru dans les colonnes de la *France militaire* au lendemain de la Révolution portugaise. Faute de renseignements précis sur le système employé pour les dernières élections à l'Assemblée constituante récemment effectuées, nous le maintenons tel quel. Nous signalons seulement qu'une trentaine d'officiers font partie de l'Assemblée constituante actuelle, ce qui semble prouver que rien n'a été changé, au point de vue militaire, à la législation précédente. Les officiers portugais ont pris part aux dernières élections comme leurs concitoyens.

tie de la législation portugaise a été établie par dictature. La dernière de ces périodes de dictature a commencé le 11 avril 1907 (dictature Franco). Elle a provoqué de graves incidents : la mort du roi Carlos et enfin la Révolution qui a abouti à l'avènement de la République.

Nous allons étudier la question à la veille de la Révolution.

Dans la monarchie portugaise, le pouvoir législatif appartient aux Cortès sous réserve de la sanction du roi.

Les Cortès se composent de deux Chambres, la Chambre des pairs et la Chambre des députés.

La Chambre des pairs comprend 90 membres nommés à vie par le roi et des pairs de droit. Les militaires peuvent être nommés pairs, car le *décret du 25 septembre* 1895 qui fixe la composition de la Chambre des pairs ne porte aucune restriction à leur endroit.

La Chambre des députés est élective et temporaire. Elle a des prérogatives extrêmement importantes.

La Chambre des députés est élue au suffrage universel. Sont électeurs, à l'exception des personnes incapables d'exercer une charge poli-

lique et administrative, les citoyens âgés de
21 ans et domiciliés en Portugal qui remplissent les conditions suivantes : 1º payer annuellement en contributions directes au moins
500 reis à l'État (2 fr. 50 à peu près) ; 2º savoir lire et écrire.

La loi ne stipule aucune interdiction de voter pour les militaires, si par ailleurs ils pré-
sentent les conditions requises. Ils sont soumis au droit commun.

Tous les électeurs, sans condition de domicile ni de résidence, sont éligibles. Cependant
la loi fixe pour l'éligibilité des conditions assez dures.

Ainsi, sont absolument inéligibles :

Les étrangers naturalisés ;

Les pairs nommés à vie ;

Ceux qui ne sont pas pourvus d'un diplôme
d'un cours d'instruction supérieure, secondaire,
spéciale ou professionnelle ou qui ne possèdent pas un revenu liquide de 400.000 reis
(2.000 francs à peu près) provenant d'immeubles, de titres de rentes, de l'industrie, du com-
merce ou d'emplois inamovibles.

Ceux qui, à l'époque des élections, sont membres du conseil d'administration, gérants ou

membres d'un conseil de surveillance d'entreprises ou de sociétés industrielles, etc.

Rien parmi ces cas d'inéligibilité ne vise les militaires.

Les autorités militaires sont inéligibles dans le ressort où elles exercent leurs fonctions.

Donc, partout ailleurs que dans le ressort de leur commandement, les militaires peuvent se présenter à la députation.

Tous les emplois militaires, il est vrai, ne sont pas compatibles avec les fonctions de député.

La loi sur les *incompatibilités* dispose, en effet, que « l'exercice des fonctions de député est incompatible avec les fonctions d'officiers de l'armée ou de la marine, à l'exception des officiers généraux. »

Les fonctionnaires visés par la loi ne pourront exercer leurs fonctions pendant la durée de la législature ni toucher les traitements en provenant ; *la durée de la législature leur sera comptée comme temps de service pour toutes les conséquences à en tirer.*

Par ailleurs, les magistrats et fonctionnaires de l'Etat, appointés, ne pourront être plus de quarante au sein de la Chambre des députés.

Ainsi, en Portugal, les militaires sont élec-teurs et éligibles.

Les militaires sont frappés d'incompatibilité relative dans le ressort de leurs fonctions et même pendant six mois après avoir quitté leurs fonctions.

D'autre part, il y a incompatibilité entre le mandat de député et la qualité d'officier, à l'exception des officiers généraux.

Les officiers élus ne sont pas obligés d'opter entre leur mandat et leurs fonctions.

La loi les place dans une sorte de disponibi-lité. Ils n'exercent pas leur commandement et ne touchent pas leur solde pendant la législature, *mais ce temps leur est compté comme temps de service.*

PRUSSE

La Constitution prussienne date du 31 janvier 1850 : le gouvernement est monarchique constitutionnel ; mais, en réalité, le régime, représentatif, tel qu'il fonctionne actuellement en Prusse, ne ressemble que très peu au régime parlementaire tel qu'il est généralement compris. D'ailleurs, on constate une tendance chaque jour plus évidente à faire discuter les lois importantes de la Prusse beaucoup plus par le Reichstag d'empire que par les Assemblées proprement prussiennes.

Le roi exerce le pouvoir exécutif avec l'assistance d'un cabinet intime, d'un Conseil d'Etat et d'un ministère d'Etat. Le pouvoir législatif appartient au roi, assisté de la Chambre des seigneurs et de la Chambre des députés.

La première comprend des membres héréditaires et des membres nommés à vie par le roi. La seconde se compose de 350 membres élus par le suffrage à deux degrés, mais avec une législation électorale telle que seuls sont représentés les intérêts des classes les plus riches et qu'il serait trop long d'exposer ici.

Dans la Constitution de 1850, aucune interdiction n'est édictée contre l'exercice du droit électoral des militaires ni contre leur éligibilité. Ce droit fut pourtant réduit considérablement par des ordonnances royales. A la suite de l'agitation formidable soulevée par la lutte entre la Couronne et le Parlement en 1862 et 1863, le Roi, par un ordre de cabinet du 28 septembre 1863 et en sa qualité de chef de l'armée, prit des mesures spéciales. Il estimait dangereux de mêler l'armée aux luttes politiques et il recommandait aux officiers et à la troupe de ne pas user de leurs droits politiques. Cette recommandation était purement un ordre transmis à toute l'armée par la voie hiérarchique (1).

Le ministre de la guerre de Roon communiqua l'ordre de cabinet aux autorités militaires et il précisait la pensée du roi. Si le doute avait pu exister avant 1863, il était désormais levé. L'armée, de par la volonté royale, était exclue de la vie politique du pays. De Roon recomman-

---

(1) *Die Würdigkeiten aus dem Lebin des General-feldmarschall Kriegministers Grafen von Roon*, t. II, p. 167.

dait aux autorités de s'assurer que l'abstention des militaires soit générale.

Cependant, il est bon de rappeler le rôle important joué par Manteuffel dans les élections prussiennes. Le ministre de la guerre, Roon, appartenait au Reichstag en qualité de député. Un grand nombre de généraux faisaient partie de cette Assemblée. En 1867, de Moltke fut élu, sans s'être même présenté, dans une vingtaine de circonscriptions et jamais le roi de Prusse ne l'a empêché de siéger : il conserva ses fonctions de député jusqu'en 1878.

TURQUIE

Le rôle prépondérant joué par l'élément militaire dans les événements qui ont créé le nouvel état de choses en Turquie donne un intérêt particulier à l'étude des droits politiques octroyés en ce pays par la Constitution aux officiers et hommes de troupe.

La Constitution turque du 22 décembre 1876, après être demeurée trente ans à l'état de lettre morte, a été remise en vigueur, sous l'influence du parti jeune-turc, par un *hatt-y-humaïoun* du 2 août 1908. Le gouvernement de l'empire ottoman est aujourd'hui exercé par le sultan, assisté de l'Assemblée générale.

L'Assemblée générale comprend deux Chambres : la Chambre des seigneurs ou Sénat, et la Chambre des députés.

Les sénateurs sont nommés par le sultan : leur nombre est fixé au tiers de celui des membres de la Chambre des députés. Ils doivent être âgés de 40 ans et sont nommés à vie. Le sultan peut conférer cette dignité aux généraux commandants de corps en disponibilité et aux *généraux de division des armées de terre et de mer.*

La Chambre des députés actuellement en fonctions a été élue sous le régime d'une loi électorale provisoire. Elle s'est attachée, dès ses premières séances, à réviser la Constitution de 1876 et à établir une nouvelle loi électorale : en quelques semaines, elle avait terminé cette partie de sa tâche.

Les élections des députés se font à deux degrés. Tous les Ottomans âgés de 25 ans jouissant de leurs droits civils sont électeurs et désignent un délégué électoral par 500 habitants. Les délégués nomment les députés à raison d'un député par 50.000 habitants. Pour être délégué, il faut avoir 25 ans et payer certains impôts. Pour être député, il faut avoir au moins 30 ans.

L'article 9 de la loi électorale précise les conditions dans lesquelles les militaires sont appelés à jouir de leurs droits politiques.

Au point de vue électoral, les officiers de l'armée active et de la réserve ne font l'objet d'aucune disposition restrictive. *Ceux-ci jouissent du droit de vote dans le lieu de leur résidence, quel qu'il soit.*

En ce qui concerne les sous-officiers et soldats, la loi électorale est susceptible de diverses interprétations. La langue turque est en effet moins précise et moins claire que la nôtre : la date récente de l'application de la Constitution n'a pas encore permis de solutionner tous les points litigieux. Deux députés ottomans consultés par nous, le texte de la loi en main, n'ont pu se mettre d'accord sur l'interprétation de cet article : il semble cependant probable que le droit de vote a été donné aux hommes de troupe dans leur circonscription d'origine, et seulement s'ils sont en congé.

Au point de vue de l'éligibilité, les officiers de l'armée active et de la réserve jouissent des mêmes droits que les autres citoyens : toutefois, la Constitution ayant déclaré l'incompatibilité du mandat législatif avec toutes les fonctions publiques (à l'exception de celle de ministre), l'officier élu est tenu de donner sa démission. Cependant, cette dernière disposition ne s'applique pas, en ce qui concerne les officiers, à la présente législature.

Une modification à la loi électorale récemment votée par la Chambre exige, pour être éligible, cinq années de présence dans la circonscription :

cette condition paraît de nature à écarter le plus souvent toute candidature militaire.

Aucune disposition relative à l'éligibilité ne vise les hommes de troupe, en raison sans doute de l'âge nécessaire pour être éligible.

En résumé, si les hommes de troupe de l'armée ottomane sont à peu près exclus de la vie politique de leur pays, les officiers, en revanche, jouissent des mêmes droits que les autres citoyens ; ils sont électeurs et éligibles, et apportent leur compétence des choses militaires dans les deux assemblées législatives.

EMPIRE ALLEMAND

La paix de Prague (23 août 1866) amena la chute de la Confédération germanique, qui fut remplacée par la Confédération de l'Allemagne du Nord (*Norddeutsche Bundesverfassung*) qui proclamait l'hégémonie de la Prusse sur les Etats allemands autres que la Bavière, le Wurtemberg, le grand duché de Bade et la Hesse.

Une Assemblée constituante, réunie à Berlin le 24 février 1867, élaborait une Constitution qui fut définitivement votée le 16 avril suivant. Les Etats de l'Allemagne du Sud donnèrent leur adhésion à cette Constitution à la fin de novembre 1870. Le Reichstag votait, le 10 décembre, le rétablissement de l'empire allemand : le roi de Prusse donnait son adhésion à ce vote à Versailles le 18 janvier 1871.

La Constitution de l'Allemagne du Nord fut légèrement modifiée, et, le 16 avril 1871, prit le nom de Constitution de l'empire allemand (*Deutsche Reichsverfassung*).

Le pouvoir exécutif appartient à l'ancien président de la Confédération de l'Allemagne du Nord, au roi de Prusse, qui prend le titre d'empereur allemand (*Deutscher Kaiser* et non *Kaiser von Deutschland*) : celui-ci n'est investi, en vertu de sa dignité impériale, que du droit de grâce ; il n'a pas de liste civile. Il représente l'empire dans les relations internationales, déclare la guerre avec le consentement du Conseil fédéral ; enfin, il est le chef suprême de l'armée impériale de terre et de mer. C'est cette prérogative de l'empereur qui est la plus importante de toutes par ses conséquences ; le roi de Prusse a en Allemagne les pouvoirs d'un dictateur militaire ; il a fait de la discipline prussienne le ciment de l'unité allemande : il unifie l'Allemagne en la prussifiant.

L'empereur est assisté dans l'exercice du pouvoir exécutif par un chancelier : celui-ci, qui, en fait, ne dépend que de l'empereur, est constitutionnellement le seul ministre de l'empire.

× ×

Le pouvoir législatif appartient à deux Chambres : le Conseil fédéral (*Bundesrath*) et l'Assemblée d'empire (*Reichstag*). La première de ces assemblées n'est, à proprement parler, qu'une réunion de plénipotentiaires nommés par les différents États de l'Allemagne sur des bases qu'il n'y a pas lieu de rappeler ici : il suffit de signaler que l'accord des deux majorités des deux Assemblées est nécessaire et suffisant pour édicter une loi de l'empire.

Le Reichstag est nommé par le suffrage universel et direct au scrutin secret : le nombre total des députés est aujourd'hui de 397 (dont 235 élus par la Prusse, 48 par la Bavière, 23 par la Saxe, 17 par le Wurtemberg, 15 par l'Alsace-Lorraine, 14 par le duché de Bade, le surplus par les autres États, à raison de 1, 2 ou 3 pour chacun). Ils sont élus pour cinq ans.

La loi électorale actuellement en vigueur est toujours celle de 1869, à laquelle plusieurs modifications secondaires ont été depuis apportées. Est électeur tout Allemand qui a accompli sa 25e année, sans condition de domicile. Est éligible tout Allemand de 25 ans appartenant depuis un an, au moins, à l'un des États confédérés et ne se trouvant dans aucun cas excluant du droit de vote.

Les luttes électorales en Allemagne ont un caractère particulier. L'article 21 de la Constitution stipule que les fonctionnaires publics n'ont besoin d'aucune autorisation pour entrer au Reichstag ; de plus, aucune disposition législative n'interdit l'élection des fonctionnaires dans les circonscriptions où ils remplissent leur charge. La candidature officielle peut donc pleinement s'y développer. Au contraire de ce qui se passe dans les autres pays d'Europe, où une pareille situation est faite aux fonctionnaires, l'armée a été exclue en Allemagne, du moins en partie, de la vie politique de la nation.

L'article 47 de la loi du 2 mai 1874 stipule que « les militaires en activité de service ne peuvent accepter de fonctions dans l'administration ou la représentation des paroisses, des communes ou des autres groupes d'intérêts communs qu'avec l'assent'ment de leurs supérieurs ». Cette disposition fut adoptée dans le but d'éviter tout conflit entre les intérêts du service militaire et l'exercice des fonctions publiques.

L'article 49 de la même loi suspend pour les milita'res appartenant à l'armée active le droit de prendre part aux élections, exception faite pour les employés de l'administration militaire. Cette disposition existait d'ailleurs dans la loi électorale de 1869 : un amendement de M. Hasenclever et d'autres socialistes-démocrates tendant à accorder le droit électoral à tous les militaires fut rejeté à une importante majorité. Le même article ajoute d'ailleurs que « les militaires qui conservent leur droit électoral ne peuvent être réunis dans des districts électoraux militaires et spéciaux, pour les élections, en vue des représentations nationales ayant pour base le suffrage indirect ».

Enfin, il est interdit aux militaires allemands appartenant à l'armée active de prendre part à des associations et à des réunions politiques.

Au point de vue de l'éligibilité, aucun doute ne saurait exister à défaut d'un texte de loi explicite : aucune disposition législative ne supprime le droit aux militaires qui, *en droit* sont éligibles au Reichstag. En effet, un amendement déposé par les socialistes-démocrates demandait que les membres du Reichstag faisant partie de l'armée active fussent obligés de se faire mettre en congé pendant la session du Parlement lorsqu'ils en feraient la demande : *on préféra laisser les députés placés dans ce cas libres de concilier leurs devoirs militaires et leurs devoirs parlementaires.*

En résumé, en Allemagne (mais uniquement pour la législation de l'empire), le militaire est privé du droit de suffrage ; en droit, il conserve le droit à l'éligibilité : aucune disposition législative ne le lui a enlevé.

GRÈCE

Les événements récents qui ont bouleversé le royaume hellénique appellent d'une façon toute particulière l'attention sur les droits politiques concédés à l'armée par la Constitution de ce pays.

La Constitution grecque a une histoire très mouvementée. Ce fut en 1820 que se produisit, en effet, le soulèvement des Souliotes. L'insurrection, propagée rapidement, aboutit bientôt à l'élection d'une Assemblée nationale qui élabora la fameuse Constitution d'Epidaure, du 13 janvier 1822.

Cette Constitution fut revisée à maintes reprises et, sous de nouvelles formes, porta les noms les plus variés : Constitution d'Astros, Constitution de Trezéna.

Mais ces actes ne devaient pas être respectés. Capo d'Istria, nommé président pour sept ans en 1827, gouverna sans Constitution. C'était le pouvoir personnel. A sa mort, l'anarchie régna.

Le 3 février 1830, la Grèce fut reconnue

comme monarchie indépendante par la conférence de Londres. Elle accepta pour roi Othon, prince de Bavière. Il gouverna sans Constitution. Une révolution militaire en 1843 le décida à convoquer à Athènes une Assemblée constituante qui élabora une Constitution (4 mars 1844) inspirée de la Charte française de 1830 et qui établit le régime de la dualité des Chambres.

En 1862, une nouvelle révolution renversa Othon et appela sur le trône Georges de Danemark. En 1863 eut lieu une revision complète de la Constitution, mais la nouvelle Constitution ne fut votée qu'en 1864. Le Sénat était aboli et le pouvoir législatif confié au roi et à une seule Chambre.

Cette Constitution, actuellement en vigueur, a subi quelques modifications. La loi électorale de 1864 a été, elle aussi, plusieurs fois modifiée.

Le pouvoir législatif est exercé collectivement par le roi et par la Chambre.

La Chambre se compose de députés élus par les citoyens ayant le droit électoral, au suffrage direct, universel et secret, par le moyen de boules.

Les élections sont ordonnées le même jour

pour tout le royaume et ont lieu partout simultanément.

L'article 4 de la loi électorale du 5 septembre 1877 encore en vigueur s'exprime en ces termes :

« Art. 4. — Le droit de voter en chaque province appartient à tout démote d'une commune de la province âgé de vingt et un ans accomplis.

» Sont exclus du droit de voter :

» a) Ceux auquels, par suite d'une condamnation, a été interdit le droit de voter pour tout le temps que cette interdiction dure ;

» b) Ceux qui, par un arrêt définitif du conseil, sont accusés de crime et renvoyés devant la cour d'assises ;

» c) Ceux qui sont privés de la libre gestion de leurs biens. »

Comme on le voit, aucune interdiction n'est édictée contre le vote des militaires.

D'autre part, l'article 70 de la Constitution s'exprime en ces termes : « Pour être élu député, il faut être citoyen grec, originaire de l'arrondissement où l'élection est faite ou établi dans cet arrondissement au moins deux ans avant l'élection, jouir depuis deux ans des droits civils et politiques, être âgé de 30 ans accomplis et posséder les autres conditions d'éligibilité requises par la loi électorale. »

Or, la loi électorale actuellement en vigueur n'exige point d'autres conditions d'éligibilité que celles énoncées dans le précédent article.

L'article 71 de la Constitution stipule : « Les fonctions de député sont incompatibles avec celles des employés publics salariés et celles des maires, *mais non avec la qualité d'officier en activité.* »

Les officiers peuvent être élus ; mais après leur élection, ils sont mis en disponibilité pendant toute la durée de la législature et conservent cette position jusqu'à leur rappel ultérieur à l'activité. Il est obligatoire d'accorder aux officiers, sur leur demande, un mois avant le commencement des élections, un congé régulier de cinq mois et demi.

Pour mettre un terme à certains abus, la loi du 12/24 juin 1886 (art. 1er) a décidé que le temps passé en disponibilité pour cause d'élections à la Chambre ainsi que le temps des congés obtenus pour se porter candidat aux élections ne sont pas comptés pour l'ancienneté.

Les députés militaires qui seraient promus au choix perdraient par leur acceptation leur siège de député.

Comme on le voit, en Grèce, aucune atteinte n'est portée aux droits politiques des militaires.

SERBIE

A la mort du prince Michel, assassiné le 10 juin 1868, un Comité constitutionnel élabora un projet de Constitution définitive. La Constitution fut promulgée le 29 juin 1869.

La Serbie a été reconnue indépendante par l'article 4 du traité de Berlin. Le 22 février 1882, la Skoupchtina nationale proclama l'érection de la principauté de Serbie en royaume de Serbie.

L'ancienne Constitution (1869) était insuffisante. L'Assemblée nationale demandait une revision. Le roi Milan, en 1888, réunit une commission composée de 70 membres, appartenant aux divers partis politiques, qui élabora eu quelques semaines le projet d'une nouvelle Constitution. Ce projet, soumis au vote d'une Skoupchtina élue à cet effet, fut approuvé par elle. La Constitution du 22 décembre 1888 ne vécut guère plus de cinq ans. Le 9 mai 1894, une proclamation royale suspendit la Constitution et remit en vigueur celle de 1869. Sept ans après, la Consti-

tution de 1869 disparut de nouveau pour faire
place à une nouvelle Charte qui fut proclamée le
6/18 avril 1901.

Cette Constitution contenait une grande nou-
veauté : l'institution d'un Sénat. A la suite des
troubles qui ensanglantèrent la capitale le
23 mars 1903, une proclamation royale du 24
suspendit à nouveau la Constitution. Dès le 25,
une nouvelle proclamation la rétablit. Des élections générales furent ordonnées le 22 avril,
mais l'assassinat du roi Alexandre et de la reine
Draga amena l'avènement d'une nouvelle dynas-
tie. Le 2 juin, la représentation nationale décréta
à l'unanimité la remise en vigueur de la Constitution de 1888 et proclama roi de Serbie le prince
Pierre Karageorgewitch.

Le 5/18 juin 1903 parut dans le *Journal officiel*
la Constitution adoptée par la représentation
nationale avec les modifications et additions
rendues nécessaires par le changement de dy-
nastie. Elle est la reproduction presque textuelle
de celle de 1888.

La Skoupchtina nationale est la représentation
du pays.

Elle est composée de députés librement élus

par le peuple, conformément aux dispositions de la Constitution.

L'article 86 s'exprime en termes très nets : « Les officiers en service actif ou en disponibilité et les soldats sous les drapeaux ne peuvent pas voter. »

Les militaires ne sont pas non plus éligibles. Cela résulte de l'article 94 de la Constitution, qui dit : « Quiconque n'a pas le droit de voter ne peut être élu. »

Sans doute, l'article 86 ne fait que suspendre l'exercice du droit électoral ; mais les termes explicites de l'article 94 excluent sans aucun doute les militaires de la représentation nationale.

La Constitution ou plutôt la Charte de 1901 (6 avril) s'exprimait d'une façon encore plus nette en disant dans son article 51 : « Ne peuvent être ni électeurs ni élus les officiers et les soldats sous les drapeaux. »

L'armée serbe est une armée nationale et non pas une armée de métier. La loi du 13 novembre 1886, modifiée en 1890, 1895, 1896, 1898 et 1901, exige de tous les nationaux le service personnel obligatoire. La durée du service actif est de deux ans. L'effectif budgétaire de l'armée serbe est de 19.000 hommes environ.

Cette armée, dans son ensemble, ne participe en droit à aucune des manifestations légales de la nation.

Tableau comparatif de la situation faite aux officiers par les diverses cons

Pays possédant deux Chambres entièrement élues		Pays possédant deux Chambres, dont une entièrement élue et une composée partie de membres élus, partie de membres nommés par le souverain ou héréditaires		
et accordant aux officiers la totalité de leurs droits politiques.	et refusant aux officiers la totalité de leurs droits politiques.	et accordant aux officiers la totalité de leurs droits politiques.	et accordant aux officiers une partie seulement de leurs droits politiques.	et refusant aux officiers la totalité de leurs droits politiques.
Espagne.	Bulgarie.	Bavière.	Russie.	Néant.
Norvège.	France.	Belgique.	Empire allemand.	
Pays-Bas.		Danemark.		
Roumanie.		Saxe.		
Suède.		Wurtemberg		
Suisse.				
États-Unis d'Amérique.				
Bolivie.				
Brésil.				
Chili.				
République Argentine.				
Uruguay.				
Venezuela.				
Confédération d'Australie.				

au point de vue de la jouissance des droits politiques
titutions du monde.

Pays possédant deux Chambres dont une entièrement élue et l'autre composée de membres nommés par le souverain et héréditaires.			Pays ne possédant qu'une seule Chambre élue		
et accordant aux officiers la totalité de leurs droits politiques.	et accordant aux officiers une partie seulement de leurs droits politiques.	et refusant aux officiers la totalité de leurs droits politiques.	et accordant aux officiers la totalité de leurs droits politiques.	et accordant aux officiers une partie seulement de leurs droits politiques.	et refusant aux officiers la totalité de leurs droits politiques.
Angleterre Italie Portugal. Turquie.	Autriche. Hongrie. Japon. Prusse.	Néant.	Grèce.	»	Serbie.

CONCLUSION

Nous conformant à l'esprit général de notre ouvrage, nous ne voulons tirer de cette vaste enquête que des conclusions de fait.

Il ressort de la première partie de cette étude que, en France, depuis que la nation est maîtresse de ses destinées, les militaires ont en règle générale participé à la vie publique du pays. Ils y ont même, à certaines heures, pris une part glorieuse. C'est seulement au lendemain de la guerre de 1870 qu'ils ont été exclus en bloc de la vie publique, et les raisons qui ont dicté cette mesure furent inspirées par les circonstances, par la rude nécessité de tourner tous les efforts de l'armée vers la reconstitution des forces nationales. *L'exclusion des militaires de la représentation nationale est contraire à la tradition historique de la France.*

Elle est également opposée à la pratique générale des puissances, puisque seules la Bulgarie et la Serbie peuvent être mises en parallèle avec elle. Il semble donc que l'on puisse qualifier d'*anomalie* cet état de choses.

Toutefois nous tenons à répéter, à la fin de notre ouvrage, que toute tentative en faveur des libertés politiques des militaires devrait être enfermée en certaines limites. Avec le régime du service obligatoire *il semble inutile et irréalisable de mêler les hommes de troupe à la vie publique*. Nous avons dit amplement les raisons de ce sentiment.

Il *semble* au contraire *utile et désirable* que, suivant la tradition française et la pratique des Etats étrangers, *on rende aux officiers le droit d'accès au Parlement*, afin que les plus éclairés d'entre eux y apportent leurs compétences, y soutiennent les intérêts de la défense nationale et fassent parler très haut les sentiments de l'armée, sauvegarde suprême de l'ordre social.

TABLE DES MATIÈRES

Pages.

Bibliographie.. 5
Introduction.. 7

Ire PARTIE
L'armée et les droits politiques en France.

Avant-propos.. 39
   I. — A la veille de la Révolution.................... 41
  II. — La Constituante................................ 47
 III. — La Législative................................. 57
 IV. — La Convention.................................. 63
  V. — Le Directoire................................. 69
 VI. — Le Consulat................................... 73
 VII. — Le Premier Empire............................. 79
VIII. — La Restauration et la Monarchie de Juillet....... 83
 IX. — La Deuxième République........................ 87
  X — Le Second Empire............................... 119
 XI. — Le Gouvernement de la Défense Nationale....... 129
 XII. — La Troisième République....................... 135

IIe PARTIE
L'armée et les droits politiques dans les principales puissances.

Avant-propos.. 171
Bulgarie.. 177
Espagne... 179
Norvège... 184
Pays-Bas.. 186

	Pages.
Roumanie	191
Suède	196
Suisse	200
États-Unis d'Amérique	204
Bolivie	209
Brésil	210
Chili	214
République Argentine	215
Uruguay	216
Vénézuéla	217
États-Unis d'Australie	218
Bavière	220
Belgique	222
Danemark	238
Russie	242
Saxe	253
Wurtemberg	255
Angleterre	257
Autriche	265
Hongrie	270
Italie	275
Japon	279
Portugal	284
Prusse	289
Turquie	291
Empire allemand	297
Grèce	303
Serbie	306
Tableau comparatif de la situation faite aux officiers au point de vue de la jouissance des droits politiques par les diverses Constitutions du monde	312
CONCLUSION	315

Paris et Limoges. — Imp. et libr. milit. Henri CHARLES-LAVAUZELLE.

9 782019 134174

THÈSES POUR LE DOCTORAT

PRÉSENTÉES

A LA FACULTÉ DE DROIT DE NANCY

DROIT ROMAIN

ÉTUDE

SUR LA

PROCÉDURE *IN JURE*

DANS LES *LEGIS ACTIONES*

DROIT FRANÇAIS

DE LA FAILLITE

EN DROIT INTERNATIONAL PRIVÉ

OU

Des effets du Jugement déclaratif rendu à l'étranger

PAR

Paul NACHBAUR

AVOCAT

NANCY

TYPOGRAPHIE G. CRÉPIN-LEBLOND, 14, GRAND'RUE

1883

[illegible]

[illegible]

[illegible]

[illegible]

[illegible]

[illegible]